JN101906

# 地域創造型観光

小長谷一之
前田　武彦　編

晃 洋 書 房

# はじめに

　本書は，大学の初級レベルの教科書（一般教育，専門初歩）であるが，これまでのような旅行業に就職したいと希望する学生だけでなく，あらゆる大学生や，大学レベルの勉強がしたい社会人や一般の方々にも読んでいただけるように「地域貢献効果の高い観光振興のやり方」を書いている．それには以下のような理由があるからである．

　1つには，「観光が日本の主力産業に」なりつつあるからである．20世紀まで日本は観光政策を国際的に展開していなかった．しかしグローバル化で基盤産業を過度に海外移転してしまい，新たな経済基盤として欧米や中国が展開してきた観光立国政策をとり，2006年に「観光立国推進基本法」を施行，2008年に「観光庁」を設置し，コロナ直前の2019年に国内観光約6億人（うちインバウンド約3000万人，消費約28兆円）となった．

　2つめは，「あらゆる産業の観光化」がある．eコマース（ネット＋宅配）や郊外大型量販店の普及により，いわゆる「モノからコトへ」の革命がおこり，なんらかの形で第3次産業的要素のある全ての産業，小売商業，サービス，集客の全分野で，より高付加価値の提供，「得がたい経験を売る」という方向が欠かせない要素となってきつつある．広義の「観光」の概念・考え方が，あらゆる産業にもとめられ，全産業に入り込むようになってきている．

　3つめは，「観光そのものの総合産業化」がある．後述する「ニューツーリズム革命」「着地型観光革命」により，狭義の旅行業だけでなく，観光そのものの範囲の拡大，観光概念の一般化がおこっている．「観光まちづくり概念」の出現により，地域活性化，地域貢献を目指すすべての方に，観光の勉強は欠かせない要素となっている．

　このような結果，「ニューツーリズム＋着地型観光＋観光まちづくり」をあわせた概念として，地域貢献効果の高い「地域創造型観光」というべきものが，一般の知識として非常に重要になってきた．本書では，そのポイントを明らかにする．

このような「地域創造型観光」は，本書序章でも説明するように，以下のようなメリットがある．

　**（地方創生に貢献）**現在，日本中で地方衰退が急速に進展し，「人口消滅都市」（日本創生会議 2014 等）<sup>（※1）</sup>が現実味をもって語られるようになっている．このように焦眉の急であり，日本最大の課題となっている地方創生・地域再生に貢献する（というよりその主力対応の 1 つ），

　**（観光まちづくりの一環）**そもそも，地域資源の発掘に立脚するため，地元が主役となり，今もとめられる地域づくり・まちづくりと手法・目的・主体が一致し，観光地域づくり・観光まちづくりとしての地域政策が可能，

　**（どのような自治体でも応用可能）**また，以下で説明するように，現在観光名所がなくとも，全ての自治体で観光資源開発が可能なので，これまで地域関係者や行政関係者のいう「うちの地元は（伝統的な観光資源である）富士山や大仏がないので観光関係ありません」という常識は消滅し，伝統的観光地だけでなく，すべての自治体，すべての地域が観光振興を起こしうる可能性を開いている，

　**（観光公害からの是正，持続可能な観光へ）**大型バスで大量に移動しねりあるくようないわゆるオーバーツーリズム問題をかかえたマスツーリズムよりも，見知った小グループ（家族，友人）が同じ趣味にもとづきそぞろ歩きを楽しむ，より長期で高付加価値・高質のニューツーリズムの方が環境負荷が小さく，持続可能性が高い，

　**（アフターコロナに適しており，益々主流に）**アフターコロナ時代や，これから再生するアフターコロナのインバウンドにおいて，サスティナビリティ，自然，健康，食と農，歴史文化等をテーマとしたニューツーリズムへの移行が益々進む，また，上記のように見知った小グループで，オープンエアの環境を楽しむのでウィズコロナ的にも安全，

……等々，非常にメリットが大きい．

　このように，日本がようやく観光立国になりつつある時期は，観光そのもの

のあり方が激変しつつある時期でもある．なによりも観光業界全体が，2020 年代以降，深刻なコロナ禍に見舞われ，コロナ後の再生においては，より自然観光や歴史文化観光への志向，体験・参加型観光への志向が強まり，そしてその間にも IT 技術の急速な進展がある．これらにより，地域創造型観光[※2] が益々重要になってきている．

　そこで，本書では，これらの 2020 年代以降の新しい観光の内容を解説し，さらに，初学者や観光に関心をもつ関係者に使いやすいようにまとめ，アフターコロナの今後の観光を展望するものである．

　初学者や観光に関心をもつ関係者のみなさんに少しでも役立つよう願ってやみません．

　　2023 年 12 月

執筆者を代表して，

小長谷 一之

（※1）人口消滅都市の提言は，日本創生会議「成長を続ける 21 世紀のために『ストップ少子化・地方元気戦略』」（日本創生会議・人口減少問題検討分科会，2014 年）による．

（※2）地域創造型観光の定義は，小長谷一之「地域創造型観光のマネジメント——成功事例からみる 7 つの原則——」（NPO 法人観光力推進ネットワーク・関西・日本観光研究学会関西支部編『地域創造のための観光マネジメント講座』学芸出版社，2016 年）による．

# 目　　次

# 序章　地域創造型観光とは

小長谷 一之

　この序章では，本書の説明の流れとその背景にある関連事項を説明する．

## 第1節　地域創造型観光の時代

### 1．日本の観光のあゆみと「地域創造型観光」の重要性
### （1）伝統的観光のはじまり

　観光行動は，古代より世界的にも一握りの支配階級によりおこなわれていたが，それがより一般の階層まで広がり，国民が広く関わるようになったのは，欧米では近代になってであり，その典型が，後に世界で最初に近代産業革命を起こし近代工業国となる英国での，17世紀頃からの若い貴族によるヨーロッパ大陸見学である「グランドツアー」であり，19世紀の「トーマス・クック」による大衆旅行商品の販売であった．

　これに比べて，日本は，観光の歴史は諸外国に比べても決して劣るものではなく，むしろ，近代より前の中近世の時代から「四国お遍路」「熊野詣で」「お伊勢参り」が一般庶民でもおこなわれ，そのときの寺社の関係者であった「御師」や「巡礼聖」が日本最初の「添乗員」や「ツアーオペレータ」に模されることもある．そもそも温泉観光の「湯治」は，ヘルスツーリズム，ネイチャーツーリズムの先駆であり，日本は本来，観光においては他国に決して劣ることのない先進的な伝統をもつ国であったということは重要な点である．

### （2）パッケージツアーとマスツーリズムの成立

　近代になり，改めて明治政府を中心に欧米流の観光振興がはかられ，1908年には日本旅行，1912年には今のJTB（日本交通公社）の前身が設立される．

　しかし，観光の本格的な大衆化がはかられたのはやはり戦後である．その普及の中心にあったのは，専門の旅行会社があらかじめ人気の定番のコース（交通・宿泊・観光資源）を企画し大量に売る団体観光である「パッケージツアー」であった（例として1960年代からのJTB（日本交通公社）の「ルック」「エース」，日本航空の「JALPACK」等）．旅行は，自分で手配するものから，造成された商品を会社から購入するものに代わったのである．

　このような「パッケージツアー」が劇的にヒットした理由は，大きくお客側（需要側）の要因と企業側（供給側）の要因がある．（需要側要因）観光には情報の非対称性という性質があり，当時はお客に情報がなく旅行のリスク対応や知識は専門家に頼っていたのでパッケージの企画はありがたかった．（供給側要因）**補章１の観光マーケティングの知識を参照すればわかるように，宿泊業や交通産業は典型的な設備産業で投資が大きく，観光で売る利用権はサービスであり，その商品は保存できないため，空き室や空き席を作れないことがわかる．**そこで旅行代理店が，旅館や交通産業から大量に安く仕入れることができたので，社員旅行，町内会旅行，修学旅行などの団体客を対象とし，昔からの名所旧跡・風光明媚のビッグネームを観光目的として，パックにしてお得な安い「パッケージツアー」を造成した．この時代，観光をつくる主体の典型は旅行代理店で，観光といえば，典型的には旅行会社が企画する団体観光（マスツーリズム）が主流だった．国際観光としては，1980年代，世界一の製造業大国だった日本がため込んだ外貨を使わせる日本人による海外旅行（アウトバンド）のマスツーリズムが中心となったのである．

## （３）「地域創造型観光」の本格化と観光立国

　ところが1990年代から，世界的には，このようなマスツーリズムだけのビジネスモデルに限界がささやかれ，オルタナティブツーリズム（別のツーリズム[1]）ということが言われるようになる．また，消費者も，これまでの名所旧跡はほぼ行ったことが多くなり，個人主義も強くなり，より趣味性・テーマ性の強い旅を志向するようになってきた（ニューツーリズム，Poon 1997）．また，こうした新しいテーマは地域資源の発掘が必要で，かつ，これまでのマスツーリズムの主導権が全く大都市の旅行代理店と地域の一部業者だけのもので，地域一般へ

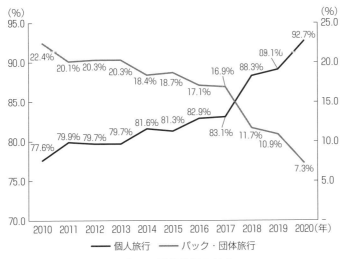

図序-1　団体旅行の縮小

（出所）観光庁（2022）.

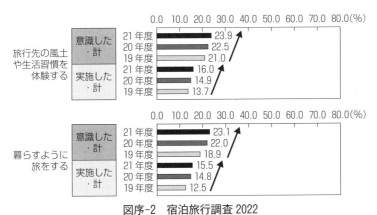

図序-2　宿泊旅行調査 2022

（出所）日本商工会議所（2023）.

の経済効果が薄いことから，地域主体の観光形態（着地型観光）も求められるようになってきた等の背景がある．

　さらに，2000 年代に入ると，円高による製造業の海外移転により，産業政策上，産業競争力の強化，外貨の獲得，新産業振興がもとめられるようになり，

特に外国人誘致の国際観光（インバウンド）が輸出と同じ経済効果をもつことから，これまで欧米先進国と中国が主力産業の1つにしてきた観光分野に日本も力をいれることを決め，2006年に「観光立国推進基本法」を制定，2008年に観光庁を設立し，観光立国政策を推進する．

　ただし，このように日本が観光立国に本腰を入れる時点で，すでにそれ前から世界的な観光の構造変革はおこっており，結果として今の観光政策もニューツーリズムをめざしたものとなっている．事実，この観光立国宣言のときの2007年の国土交通省の「観光立国推進基本計画」にも，ロングステイツーリズム，エコツーリズム，グリーンツーリズム，文化ツーリズム，産業ツーリズム，ヘルスツーリズム等のニューツーリズムを中心にすべきことがあげられており，また，これからの観光は地域密着型であることも主張されている．

　このように，観光には，ニューツーリズム革命，地元中心の考え方革命（着地型観光組織，DMO等への移行）が起こりつつあり，本章では，このような背景から入る．

　<u>これらの1990年代からの観光の新しい流れは，</u>

　　<u>1）ニューツーリズム革命</u>
　　<u>2）着地型観光（地元主体観光）</u>
　　<u>3）観光まちづくり</u>

<u>という，相互に関連し，結びついた，3つの概念でまとめられる．本章では，これらの現代観光の変化の方向性を総括し「地域創造型観光」と呼んで，そのマネジメントを説明する．</u>

　もちろん，いまでもマスツーリズム，旅行業，観光企業の重要性は減じるものではなく，パッケージ戦略も健在（ニューツーリズムでもパッケージ戦略は有効）であり，専門家としての旅行産業の役割も大きいが，大きな流れとしては，消費者の嗜好と観光形態，企画プロセスに大きな変化がおこっていることなのである（上記のように団体観光から個人・友人・家族の観光へといった流れは顕著）．

　地域創造型観光には，その他にも，地域再生という重要なメリットがある．

すでに「はじめに」で論じたが，このような「地域創造型観光」の流れは，明らかに，地域からみると，外部企業と地域内の特定業種に経済効果が集中し都市（発地）の所得となる比率の高いマスツーリズムより一層，地域経済への効果が高く，日本の最大の課題である，地方再生，地域活性化の面でも期待がかかっている．

## 2．『ニューツーリズム革命』お客の革命（消費者行動の変化）

### （1）顧客の嗜好の変化（テーマ性のある個人の好み中心の旅への変化）

　観光の構造変化として，まず「お客の好み」が変化してきている．マスツーリズムの目的地（デスティネーション）である名所は，もう日本国内で有名なところは行っていることが多く，名所に加えて「趣味の観光」「テーマ性の強い観光」等，お客が自己の嗜好を大切にして自由に行く観光が重要となっている．

　小長谷ほか（2012）の指摘時からニューツーリズムは益々拡大し，今や，①産業系では「産業観光（工場や産業遺産めぐり）」「コンテンツツーリズム（アニメの題材をめぐる）」「フィルムツーリズム（映画・テレビ等ロケ地めぐり）」等，②エコ系では「グリーンツーリズム・アグリツーリズム（農村漁村体験）」「エコツーリズム（自然環境学習）」「食ツーリズム（フードツーリズム）」「フラワーツーリズム（花を楽しむ旅行）」等，③ヘルス系では「スポーツ観光」「トレッキング，ウォー

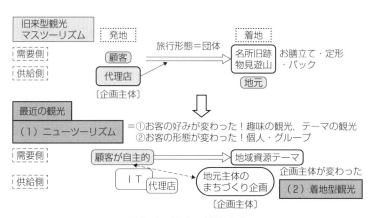

図序-3　観光の構造変化

（出所）小長谷ほか（2012）をもとに加筆.

キング観光」「ヘルスツーリズム（医学的根拠にもとづく健康増進旅行)」「温泉観光・湯治」等，④歴史文化系では「都市観光（まちあるきツアー)」「社寺観光」等，がある（小長谷ほか2012).

## （2）旅行者形態の変化（旅行単位のサイズの縮小＝家族や友達グループ）

このように，嗜好を同じくする家族や友達グループは，原則は，団体観光のような大集団ではない．団体から「個人ないし小グループ」へ「お客の形態・サイズ」も変化している．メインの形態も歓楽目的の男性客から「嗜好が一致する家族や友達グループ」，「女性やシニア主体の旅」になっている.

## 3．『着地型観光』企画・運営主体の革命──地元中心運営
## （1）観光提供側の変化「着地型観光」（企画主体の変化）

消費者のニューツーリズム革命とセットで，観光をつくる側，企画主体も変わってくる．上記のようなニューツーリズムでは，地域資源の発掘が鍵となる．それは多くの場合，地元のほうが良く知っているので，観光をつくる側も，「地元団体が主体」となることがもとめられている.

これまでのマスツーリズムでは，企画・運営主体はもっぱら大手旅行会社が中心だった．マスツーリズムは，観光旅行の出発地である大都市にある企業が企画するので「発地型観光」という.

これに対し，地域中心の考え方では，地元は到着地にあたるので，このような地元主体の観光を「着地型観光」，その組織を「着地型観光組織」という.

地域において観光を担う組織は，既存の観光業界である旅館やホテル（宿泊)やお土産物販店，飲食店，交通事業者および組合・観光協会に加え，伝統的な観光目的地の神社仏閣，アトラクション，テーマパークなどの観光スポットの運営者はもちろん，そもそも行政もかかわる．着地型観光では，新しく，地域のまちづくり組織やNPO，商工会や商店会，地場産業や第一次産業関係者が加わり，これらをリニューアルした以下のDMOのような新しい認定組織もあらわれる．すなわち，観光に関係するのは，発地の「旅行業」だけでなく，「宿泊」，「交通」，「観光スポットの運営者」，「地域まちづくり団体」，「行政」のように少なくとも5つのセクター（部門）が重要となる.

## （2）地域創造型観光の主体論①──「着地型観光組織」

　このような着地型観光組織として有名なのは，田辺市熊野ツーリズムビューロ，飯田市の南信州観光公社，別府市のハットウ・オンパク，長崎観光コンベンション協会などがあり，国もこうした流れを支援している（近藤 2018）.

　観光団体の経済活動でもっとも付加価値が高いものの１つが観光商品そのものの企画・販売であり，これが，これまでの旅行会社が独占してきた仕事であった.

　そこで，このような地域の能力のある団体が，観光のメインの仕事ができるように，国土交通省は 2007 年に「旅行業法」を改正し，ビジネス範囲が広域でなく地域近隣であれば，旅行業の敷居を低くして，これまでの旅行代理店のようなプロ（第 1 種・第 2 種旅行業）だけでなく，各地の観光協会，組合，まちづくり団体が募集型企画旅行の商品を企画・販売できるように「第 3 種旅行業」制度を導入した．この結果，着地型観光組織が全国的に増加した.

## （3）地域創造型観光の主体論②──「DMO（デスティネーション・マネジメント（ないしマーケティング）・オーガニゼーション）」

### 1）海外と同水準に近づく地域の観光組織を目指して

　ところで，日本では，もともと地元観光組織としては，観光地の旅行業界からなる観光協会がある.

　しかし世界的には，バルセロナ観光局やハワイ州観光局のように，よりマーケティング力のある民間に近い組織，DMO が主役になっている．日本と海外の DMO の大きな違いは，① 経済的な自立性が高いかどうか（海外は独自財源がある強力な組織である場合が多い），② マネジメント力・マーケティング力があるかどうか，といわれている.

　このように，日本でも政府が，各地域ないし広域の DMO（「観光地域づくり法人」）を認定し，DMO を中心とする観光振興体制に移行しようとしている.

　2014 年「まち・ひと・しごと創生総合戦略」および 2015 年「日本再興戦略改訂版」で提言され，2015 年「まち・ひと・しごと創生総合戦略 2015」で観光庁により DMO 候補法人制度が新設され，DMO の認定をはじめた．現在すでに 2020 年 3 月末現在，全国で 162 団体が正式認定されている.

　したがって，上記のような伝統的観光協会や着地型観光組織のうち，実力のあるものは DMO に移行しているものも多い．

**2）日本版 DMO の稼ぐ力は**

　日本における DMO の個別の詳細な調査，日本版 DMO にもとめられる「稼ぐ力」「自主財源比率」については，以下のような分析がある．

　DMO のインプットとしての財源について，まず財源 3 分類（① ビジネス収入（収益自主事業，スポンサーフィー），② 地元収入（年・賛助会費），③ 補助金収入（行政補助金，委託事業，目的税））をおこなう．これから，第 1 指標＝「①／財源全体」，第 2 指標＝「（①＋②）／財源全体」をつくって分析する．この結果，第 2 指標である自主財源比率に応じて，「事業運営型」「バランス型」「行政依存型」とすると，自主財源比率が高い「事業運営型」は株式会社型が多いことがわかる（塩見 2021）．

　また，PL（収益計算書）を調べると，自主財源が強力でアクティブな DMO においては「商品開発」「コンサルティング」「IT 広報・体験型」の項目が強いということがわかる．特に，① 商工会議所由来・参画の DMO が優秀であり，② 総合産業化への志向（広く農・飲食，伝統工芸，ものづくり製造業，IT，サービスなどの広く一般の産業も観光関連産業とみなし，総合連携で取り組む姿勢）に強みがみられることがわかった（福森 2023）．


## 4．『観光まちづくり』
### （1）観光とまちづくりの接近

　もともと，旧来型のマスツーリズムでは，観光は地元社会全てとそれほど強い結びつきはなかった．企画は大都市の旅行会社，土産物は地域の個店が多いが，その他は旅館やホテルが直接の当事者であった．

　しかし，ニューツーリズムでは地域資源全てが観光対象になる．この地域資源の発掘や磨き上げのプロセスや，以下に説明する地元主体の作業は，まさにまちづくり，地域づくりそのものに他ならない．また既述したように，その主体は地元である．今もとめられる地域づくり・まちづくりと手法・目的・主体が一致する．

　観光の構造変化により，観光とまちづくりが接近し地域創造型観光が重要に

なってきたのである．というより，これにより始めて「観光まちづくり」という概念があらわれ，重要性を増してきたといってよい．観光が単なる業界問題だけでけなく，地域政策の主題になってきたということである．

## （2）あらゆる自治体が観光都市に（観光資源開発可能に）

これまでは，マスツーリズムのイメージが強く，観光資源といえば名所旧跡の伝統的資源しか考えられない人も多く，地域関係者や行政関係者からは「うちには（伝統的な観光資源である）富士山や大仏がありませんが観光などできるのでしょうか」とよく言われてきた．

しかし，ニューツーリズム革命はこの先入観を消滅させる．次節で説明するような方法（観光資源の発掘と磨き上げ）によって，現在観光名所がなくとも，全ての自治体で観光資源開発が可能になる．伝統的観光地だけでなく，すべての自治体，すべての地域が観光振興を起こしうる可能性を開いている．

## （3）地元・関係者の地域マネジメント力の必要性

ところが問題がある．地域創造型観光への移行革命においては，地元の観光協会等の既存組織の変革だけでなく，これにまちづくり組織も含めて，<u>地元の関係者の全ての方が，地域マネジメント力をみがくことが益々重要になってくる</u>．

それが本書の目的の中心である．もちろん，マネジメントでもっとも重要なのは，「観光資源の発見・発掘」と，マーケティングによる「観光資源の磨き上げ・発信」である．一般の経営学のマーケティングと違う，地域づくりの観点，地域経営，地域政策の観点からのポイントを以下まとめる．一般の経営学のマーケティングの基礎については補章にまとめているのでこれを参照してほしい（ウィーバー，ロートン 2022 ほか）．

## 第2節　地域創造型観光のマーケティング

### 1．宝探し―宝磨き法
### （1）宝探し―宝磨き法の威力

上記のように，地域創造型観光のマネジメントでは，ニューツーリズムであ

ることから，これまで知られていなかった地域資源（「宝」と総称されることもある）を発見し，磨き上げることが重要になる．

ここでは，優れた「宝探し―宝磨き法」の成功例として，まちづくり，地域創造型観光のプロデューサーである古田菜穂子氏の例を紹介する（古田 2015；2016；2017）．

氏は，岐阜県の古田肇知事により，民間からヘッドハンティングされ，2009年に岐阜県庁内に新設された観光交流推進局の初代局長になり，主要施策の1つ「岐阜の宝もの認定プロジェクト」をおこなった．これは，将来，観光資源になりうる地域資源を発見し（原石の発掘），磨き上げ，観光資源化するという施策である．

まず県の魅力の総点検として，県民に向け，今後，新しい観光地になると思う場所，人，コト，モノなどの「観光資源の原石＝じまんの原石」の募集をした．その結果，1811件もの候補が得られ，その中から，2008年に「じまんの原石」を56件選定した．**図序-4**で「岐阜の宝もの認定プロジェクト」認定前の主な県内観光地が左側で，プロジェクトを経て多数の地域資源を見出し観光資源化したものが右側である．

この成果が宝探し法の威力を如実に物語る典型例となっている．この観光資源発掘の驚異的な成功の例として認定事業の宝もの第1号「小坂の滝めぐり」

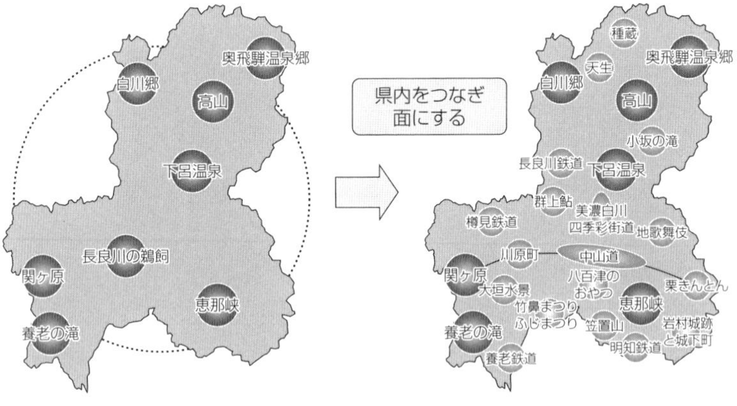


**図序-4　岐阜の宝探しの例**

（出所）古田（2015；2016；2017）をもとに作図．

がある．見事な滝が約200カ所もある奇跡的なエリアで，下呂温泉から車で30分ほどの所にあり地元では一部知られていたものの，ほとんど無名であったものである．これが，認定事業の宝もの第1号「小坂の滝めぐり」として「発見」され，劇的に有名になった．

**（2）この宝を探し，磨き，伝えるプロセスをまとめると以下のようになる．**

図序-5　地域資源発掘法

（注）地域資源発掘の詳細やその他の例については，NPO法人観光力推進ネットワーク・関西・日本観光研究学会関西支部編（2016）の第1章（吉兼2016），第2章（真板2016），第3章（原2016）をはじめ，そちらを参照されたい．
（出所）小長谷（2019）．

## 2．地元概念の重要性
### （1）一般の経営学とまちづくりのマネジメント（地域経営）の違い

　一般に経営学のモデルをまちづくりにそのまま移転できないいくつかの条件がある．

　例として，小長谷ほか（2012）は，独自調査にもとづく，約400例の成功事例から「まちづくり3法則」をまとめたが，これは，経営学における3Cの法則と類似しているものの，完全には対応しない．

　マネジメント主体が経営学では1つだが，まちづくりでは地域という集合になることがある．意思決定主体としては，経営学では完全に意思統一できる一

図序-6　まちづくり3法則

（出所）小長谷ほか（2012）をもとに筆者作成．

私企業であるが，まちづくりでは，地元企業，行政，まちづくり団体等の多数の主体を含む集合体の「地元」である．これが，一般に経営学のモデルをまちづくりにそのまま移転できない点の１つである．

## （2）まちづくりにおける「地元合意形成」概念の重要性

図序-6のまちづくり３法則では，この差を乗り越えて，まちづくりを成功させるためには，その集合体の合意形成のときにソーシャルキャピタル（社会関係資本）を欠かすことができないことを説明している．これについては詳細は以下第５節や補章２を参考にしてほしい．

さらに，補章１の一般の観光マーケティングの知識から，通常の経営学ではサービス業である観光においては，社内のマネジメントである内部マーケティングが重要であるということになる．実は，地域創造型観光は観光まちづくりであるので，この内部マーケティングが重要な事情は同様であるが，内部マーケティングの対象は，１）地元企業内，２）DMO・観光団体内，３）企業，行政，団体含む地元社会総体にむけての３種類のものが必要となる．

以下の項では，さらに，地域創造型観光のマネジメント戦略に関係する事項をのべていく．地域創造型観光において戦略は重要であり，上記のマーケティングと関連するので関連事項からのべる．

## 第3節　地域創造型観光の戦略1 ──ブランド化戦略

現代マーケティング分析の考えのなかで，特に重要なのは，リピーターとロイヤルティの概念である．

## １．顧客の経済法則の主要なもの

以下，森山（2016）ほかを参考とする．

```
┌─────────────────────┐
│　顧客の法則　　　　　　　　│
├─────────────────────┴───────────────────┐
│①パレートの法則　　　　　　　　　　　　　　　　　　　　　　　│
│　「全顧客の20%」が，売上・利益の80%を占める．　　　　　　│
│②１：５の法則　　　　　　　　　　　　　　　　　　　　　　　│
│　「新規顧客の獲得コスト」は，「既存顧客の維持コスト」の５倍．│
│③５：25の法則　　　　　　　　　　　　　　　　　　　　　　　│
│　「顧客離れ」を５％減少させると，利益は25％改善する．　　　│
│④グッドマンの法則　　　　　　　　　　　　　　　　　　　　　│
│　「苦情を訴えて解決に満足した顧客」の再購入率は，苦情を言わなかった│
│　顧客より高い．　　　　　　　　　　　　　　　　　　　　　　│
└─────────────────────────────────────────┘
```

**図序-7　リピーターの重要性を示す顧客の法則**

(出所) 森山 (2016) をもとに筆者作成.

## 2．マーケティングの基礎にあるのは「リピーター」「顧客ロイヤルティ」の重要性

　これらの法則からわかることは，あらゆるマーケティングではまず，その商品の強いファンであるリピーターをつくれということ，言い換えると顧客ロイヤルティが大事ということである．

　既存顧客は，少ない獲得コストでリピーターとなる可能性があり，長期的にもロイヤルティのある持続的消費者になり利益をもたらす可能性が高い．さらに新しい顧客の紹介や，より高単価の商品購入に繋がる存在である．これらから，ブランドという戦略がでてくる．

## 3．地域に限らない一般のブランドの定義

（1）ブランドとは，もともと，原義は家財である家畜等に押す烙印の北欧語に由来し，識別するものという意味だった．米マーケティング協会の定義もこれから始まっており，Kotler and Keller (2006) の12版定義までは「個別の売り手もしくは売り手集団の商品やサービスを識別させ，競合他社の商品やサービスから差別化するための名称，言葉，シンボル，デザインあるいはそれらを組み合わせたもの」というものだった．

（2）現在は，関係性や信頼，約束を意味するより進んだ意味となっている．すなわちブランドとは単なる印ではなく，事業者と顧客との間の「その企業，そ

の商品の品質保証，購入して裏切られないという信頼関係の形成」である[2]．Kotler and Armstrong も 14 版定義（2012）で「単にネームやシンボルのことではない．企業と顧客のリレーションシップにおいて関係構築の鍵となる要素であり，製品やサービスの意味」としており，信頼関係構築のよりダイナミックなものになっている（Kotler and Keller 2006; Kotler and Armstrong 2012）．

## ４．地域ブランド戦略の重要性

　すでに上記で説明したように，マーケティング一般において，ファンをつくること，リピーターをつくることが非常に重要となるので，リピーター生成に貢献するブランド戦略が欠かすことができない．

　それどころか，地域創造型観光では，ニューツーリズムであることから，もともとの地域資源の多くは無名でブランド化がなされていない．したがって，宝探し発掘をおこなったあとの，観光資源のブランド化がもっとも重要な戦略となってくる．

　地域ブランドは，地域そのもののブランドと，地域にかかわる商品へ地名等を付加するブランドの 2 つの意味がある．

　ここで地域そのものを商品として売るマーケティングが重要で，このことを特にデスティネーション・マーケティングという．これに対し類似概念で，エリア・マーケティングという用語があるが，これは地域でない通常の商品一般について，地域の地理的な条件などを考慮して店舗展開し売る等の作業のことである．

　以上の地域ブランド論は，本書では，以下第 1 章で詳述する．

## 第4節　地域創造型観光の戦略 2 ——不動産戦略

　次に，地域創造型観光では，以下のようなさまざまな理由から，不動産戦略が非常に重要である．

1 ）ニューツーリズムでは地域の個性，個性的な地域資源が主役となる．その資源の代表が，地域の歴史的建築物であり，これをリノベーション（改修）して，おしゃれな店舗にする「歴史・文化観光」が典型である．

２）地域レベルのまちづくりにおいて，予算のなかでもっとも大きな比率を占めるのが不動産の整備費用分であり，いかに，全体コストをおさえ，効果をあげるか？の，まちづくりの成否は，「不動産戦略」が鍵になる．

## １．歴史・文化観光の拠点としての歴史的建築物のリノベーション

### （１）「町家再生」は現代的なマネジメントの観点からも有効──コストと差別化の経営原則に適合

　歴史的建築を改修し内部に新しいコンテンツを入れる（カフェ，レストラン，ギャラリー等）という「町家再生戦略」は，コストをおさえ差別化するという経営の法則に合致している．

　筆者はこのことをかつて「まちづくりのマトリックス（図式）」で説明した（小長谷ほか 2012）．**図序-8** の左（ａ）は，ハーバード大学経営大学院教授のマイケル・ポーターによるビジネス一般の成功「競争優位」における２つの要素「差別化」「コスト」を表したものである．できれば，「コスト」をおさえて「差別化」が実現できる「左上」の方向が，望ましい経営戦略であるという主張である．

　これに対し，まちづくりのマトリックスを図の右（ｂ）のように書く．タテ軸は，上が新しいコンテンツを提供していることであり，ヨコ軸は，左が建物

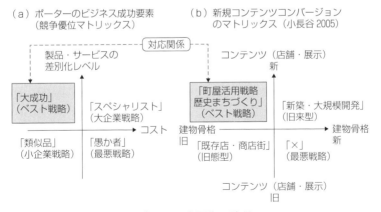

**図序-8　町家再生の論理**

（出所）小長谷ほか（2012）．

骨組（ストラクチャー）を残すコンバージョンの方向，右が取り壊して新築する方向とする．すると，「左上の戦略」は，建物骨格は古いものを残し，その中に入れるものを新しくする（カフェやギャラリーなど）というもので，町屋活用・歴史的まちづくりに対応する．新築はコンバージョンよりコスト大であり，コンテンツを新しくすることが製品差別化に対応するから，まちづくりのマトリックス（b）はポーターのビジネス要素（a）に相似である．すると，町家（屋）再生戦略は左上に位置し，実はビジネスの最良の戦略なのである．このことから，町家再生は，マニアックでなく，経営の王道であることがわかり，なぜ多くの事例で普遍的に成功しているかが説明される．

## （2）立地も考慮——高付加価値で，投資効率の良いリノベーションとは

　リスクをできるだけ小さくして，高付加価値化の投資が鍵となる歴史的建築物のリノベーションにおいても，立地戦略が重要である．

1）「博物館・美術館」は，単価（収入）が小であるが立地が都市中心部なので賃料（支出）が大きい．

2）「カフェ・レストラン（飲食のみ）」は単価（収入）が中で，立地はやはり都市中心部なので賃料（支出）が大きい．

3）ところが，「ブライダル（飲食含む）」は単価（収入）が大きいが，立地は地方でも可で賃料（支出）が必ずしも大きくない．ブライダルの顧客にとっては，一期一会の機会のため，高価でも良く，かつ立地は問わない．これは，なぜ近年ブライダル活用の有利さが注目されているかを説明する．

　以上の不動産戦略の実際は，本書では，以下第3章で詳述する．

### 表序-1　リノベーションの立地戦略

歴史的建築物のリノベーション戦略

|  | 単価（収入） | 立地条件 | 賃料（支出） |
|---|---|---|---|
| 博物館・美術館 | 小 | 都市中心部 | 大 |
| カフェ・レストラン（飲食のみ） | 中 | 都市中心部 | 大 |
| ブライダル（飲食含む） | 大 | 地方でも可 | 必ずしも大きくない |

顧客にとっては一期一会の機会のため，高価でも良く，かつ立地は問わない

（出所）筆者作成．

## ２．(遊，宿（自然立地）の工夫）グランピング

### （1）アフターコロナ時代に適した開発

　アフターコロナ時代に以下の「グランピング」と「分散型小テル」が非常に
あっているということをマネジメントの観点から簡単に触れておきたい．①
アフターコロナ時代に適した宿泊単位「一棟貸し」，② アフターコロナ時代に
適した宿泊立地「野外，郊外，地方」．③ 中程度のリスクで稼げる適当な投資
規模，等の特徴があるからである．

　なぜなら，①は，アフターコロナ時代は，感染症対策で「見知った小グルー
プ，仲間内の宿泊」すなわち，カップル，家族，友人小グループであり，かつ
独立形態の宿泊施設がもっとも有利になること，②は後述のオープンエア革命
に対応すること，③は，中程度の投資であること，が理由である．

　アフター／ウィズコロナ時代において急速にあらわれたグランピングは，オ
ープンエア革命の代表の１つといえる．ここではマネジメント上，通常のキャ
ンプと違う優れた点をあげておく．① キャンプとの一番の違いは，自分で用意
する必要がないこと．② 原則密閉空間なので，快適性が高い．特にいまヒット
しているのがドームテント型で，規模は４人向け程度が標準である．

### （2）投資効率の良さ

　グランピングは，投資効率の点から見ても，通常のホテルやキャンプ場より
有利である．① 初期投資リスクが少ない．コストは１室あたり 500 万円程度
で，全体で１億程度となり，全体で数億から数十億のホテルの 10 分の１程度．
② 収入は１室あたり 500 万〜1500 万で平均 1000 万．10 室作った場合，全体で
約１億程度．③ 結果として利回りがよい．低イニシャルコスト，高利回り．グ
ランシーズによれば，最盛期のグランピングでは「繁盛旅館の目安となる１室
あたり年間 1500 万円の水準を相当上回る利益率」なら上記の投資はすぐ取り
返せて「投資回収期間２年以内」である．すなわちブームが続けば「売上対営
業利益率 50〜60％」「持たない経営」となる（グランシーズホームページ）[3]．④ キャ
ンプ場に比べ圧倒的に利回りがよい．キャンプ場の利用料金は 5000 円程度で，
現在のキャンプ場の過半は公営といわれているが，どこも利用料金設定が安く
経営にならない．そこで公営キャンプ場をキャンプ場に比べると利回りがよい

表序-2　グランピングの有利な点

|  | （通常の）キャンプ | グランピング | （通常の）ホテル |
|---|---|---|---|
| 初期投資リスク | 小（数千万） | 中（1億） | 非常に大（数億～数十億） |
| 年間稼働率 | 20%～ | 40～50% | 30%～ |
| 単価 | 数千円 | 数万円 | 数千～数十万 |
| 冬集客 | 不可 | 可能 | 可能 |
| 年間売上 | 1000万／50区画 | 1億／8棟 |  |
| 主要マーケット | ファミリー，男性キャンパー | ファミリー，若者グループ，女性グループ | あらゆる階層 |
| 旅館業許可，飲食店営業許可 | 無し | 必要 | 必要 |

（出所）小長谷（2023）ほかを参照して筆者作成.

表序-3　集客不動産の運営方式

| 公の施設の場合（参考） | 不動産運営形態 |  | 所有 | 経営・整備 | 運営委託 |
|---|---|---|---|---|---|
| 行政直轄 | 1）直営 |  | オーナー | オーナー | オーナー |
| 指定管理者 | 2）運営委託（MC：マネジメント・コントラクト） |  | オーナー | オーナー | 事業者 |
| PFI等 | 3）リース |  | オーナー | 事業者 | 事業者 |

（注）宿泊業の運営委託で，典型なのが外資系ホテルであり，所有と経営が完全に分離しているのが普通で，運営の最高責任者である支配人は GOP（売上高営業粗利益率）＝（売上－経費）／売上）の向上をめざし運営する.
（出所）筆者作成.

写真序-1　グランピングの例：貝塚市の「かいづか いぶきヴィレッジ」
（出所）筆者撮影.

グランピングに代えるブームが生じている．公共機関が運営する公園やキャンプ場を高付加価値化でき，公園機能を残したまま負担低減できる非常に有効な解決策といえる.

## 3．(宿（市街地・集落立地）の工夫）分散型ホテル

　ここでは，近年出てきた「分散型ホテル」が経営，マネジメントの観点から通常のホテルと違う優れた点をあげておく.

**1）定義と歴史**：分散型ホテルとは，複数の建築（主に個々の町家）を，分散したそのままの位置で各棟とし，全体が統合された1つの旅館として運営することである．ここで，マネジメントが1つになっていることが重要である．「グランピング」という概念の発祥はイギリスであるが，分散型ホテルは，もともとイタリアにおいておこなわれてきた「アルベルゴ・ディフーゾ」が先行例である．ところが日本では，従来「旅館業法」において「旅館」というものは必ず分散した単位ごとに全て「帳場」すなわちフロントが必要ということになっていた．これを1カ所のフロントで代表し管理すればよいようにする「旅館業法」の改正が2017年にあり，そこで鍵を借りて各棟に客がいけばよいようになった（山口2021ほか）.

**2）通常のホテル開発と違う優れた点**：① 上記のグランピングと同じく，感染症時代のツーリズムに有利．ビル形式より密でなく安全．見知った小グループ（家族，友達グループ）で1棟貸しとなるので，感染症対策上安全，② 通常のホテルのように，まとまった土地が取得できないと困難ということはない．分散した町家そのままの取得は容易．投資リスクは小さい，ということになる.

### 表序-4　分散型ホテルの有利な点

(宿）都市部・地方旧集落

|  | （通常の）ホテル | 分散型ホテル |
|---|---|---|
| 初期投資リスク | 非常に大（数億〜数十億） | 中（数千万から億） |
| 土地取得 | まとまった土地が取得できないと困難 | 分散した町家そのままの取得は容易 |
| 建物 | 新築が原則 | 通常の町家のコンバージョン |
| 立地 | どこでも可能だが，通常は都心立地 | 旧市街（コンバージョン用町家のあるところ） |
| 単価 | 1万円〜数十万円 | 数万円／1棟貸し |
| 旅館業許可 | 旧来法 | 改正法で可能に |

(出所）小長谷（2023）ほかを参照して筆者作成.

## 第5節　地域創造型観光の戦略3──人材・交流戦略

　近年の地域振興・地域政策において，従来の定住人口の増加がなかなか見込めないことから，「交流人口（短期の観光移動）」や，より地域に深く関わる「関係人口」という概念が重要となってきた．

　交流人口は短期の観光来訪者（マーケット）そのものであり，本書第2章においても詳述されるように，関係人口も，地域創造型観光の地域づくりの外部からの応援主体といえるので，両者は，地域創造型観光の外部からの関係者であり，かつ主体であり，地域創造型観光を論じる本書では基礎概念となる．

## 1．交流・関係人口戦略に関係する事項[4)]

### （1）交流人口概念の出現

1）定義：現在は「短期的な観光人口」の意味である．

2）効果：近年「定住人口だけでなく交流人口へも注目」という政策で一般的な住宅都市や産業都市でも観光都市を目指すところが増えてきており，そのような自治体で観光政策をおこなうことが多くなっている．このように，定住人口減少に直面している元々は非観光都市（住宅都市，工業都市，地方都市，過疎地域）が，交流人口増加政策による「新」観光都市戦略・「新」観光地域戦略をとることが増えている．ここで，観光交流人口増大の経済効果を人口1人の年間消費額で比較すると，内閣府（2019）によれば，定住人口1人（年間125万円）の消費効果は，外国人旅行者8人分，国内旅行者（宿泊）25人分，国内旅行者（日帰り）81人分で同様の効果になる（内閣府地方創生推進事務局2019）．

### （2）関係人口概念の出現

1）定義：関係人口とは，「地方部に関心をもち，関与する都市部の人々」（小田切2018）であり，ここで，時間的に短期交流でなく，一過性でない関与，中期的継続の関与があること，地域づくり関与人口なので，地域創造型観光と密接に関係することが重要である．短期的な観光にくる交流人口よりも，より長期の愛着・関与のある人たちであり，「交流人口以上，定住人口未満」の概念で

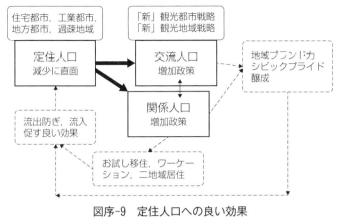

図序-9　定住人口への良い効果

（出所）筆者作成.

ある.

2）関係人口の方が, 交流人口より, 新しい概念であり, 田中 (2021) によると
マスメディア発であるという (そのほか, 内閣府地方創生推進事務局 2019；小田切
2018；田中 2021；Putnam 1993).

## （3）交流人口や関係人口は最終的には定住人口に良い効果

　以上から, 地域創造型観光により交流人口や関係人口が強化されることが,
定住人口減少を補う効果があることがわかるが, 実はそればかりか, 最終的に
は, 地域創造型観光の振興により, もともとの定住人口への良い効果もある.

**1）交流人口増加のための観光開発の定住人口への良い効果**：交流人口は, 必
ずしも地域創造型と限らない観光開発一般によって増加する. 本来の観光開発
(地域創造型観光ではサステナブルな開発) は, 「外から人が来てくれるような魅力的
な, 楽しい, 美しいまち」になることであり, このようなまちになることによ
って, 地域ブランド力が上昇し, シビックプライドが醸成される.

**2）関係人口増加による地域創造型観光振興の定住人口への良い効果**：関係人
口は, その担い手は, 地域創造型観光にかかわり, 本書の主題である地域創造
型観光が振興される効果がある. また, 本書の第2章でも詳述されるように,
関係人口は, 「お試し移住」「ワーケーション」「二地域居住」などの準定住形態

を含むので，交流人口よりも，定住人口への良い効果は益々高くなる．

　すなわち，もともと定住人口の改善を断念して注目された，交流人口増加政策や関係人口増加政策をすることにより，最終的には，定住人口へのリアルの改善効果（流出を防ぎ，流入を促すことにより減少を食い止める効果）もあると想定できる．

## 2．関係人口はまちづくりキーパーソンであり，主体のモデルがある

　ここで，関係人口はまちづくりキーパーソン予備軍でもある点が重要である．拙著でも 2005 年ごろから地域づくり主体論の立場から内発的発展論やソーシャルキャピタル論を，地域づくりの場合に適用する場合の条件について論じており，最終的には関係人口と重なってくる．

### （1）地域創造型観光や地域づくりの主体論との関係①——「新」内発的発論との関係

1）内発的発展論：「内発的発展」という概念を最初に用いたのは，1970 年代に鶴見和子が国連委託研究「内発的発展論と新しい国際秩序」で始めた研究であるといわれている（鶴見・川田編 1989）．1980 年代にはリゾート法もあり，国際経済の概念だった内発的発展を，宮本ほか（1990），宮本（1999）は地域経済の文脈で捉えなおした．外来型開発を批判し，地域資源を活用して，地域の主体的な創意によって経済的自律性を高める振興プロセスであり，これを「内発的発展」としている．

2）「新」内発的発展論：しかし，地域の社会経済は，いろいろな要素が完全には閉じてはいない．そこで，ヨーロッパでは，外部とのつながり，ネットワークを重視する「ネオ内発的発展論」が台頭してきた．小長谷ほか（2012）も，このように，人材等のネットワークが閉じていないことこそ重要であり，この点も閉鎖的ではいけないとしてきた．これはまさに関係人口のことである．さらに，このように人材の開放性だけでなく，原材料・雇用の多くは地元活用ではあっても，市場としては「外需」開拓し，「外需の開拓」こそ地域活性化の成否の握るもっとも重要なポイントとし「内発的外需開拓モデル」として提案した．すでに論じてきたように，**関係人口は外部人材であるので，「旧」内発的発展**

論ではなく，「新」内発的発展論で解釈しないといけない．

## （2）地域創造型観光や地域づくりの主体論との関係②——ソーシャルキャピタル論との関係

**ソーシャルキャピタルの定義——構成する要素（次元論）**：パットナムその他の議論からみて，ソーシャルキャピタルといった社会関係資本は，少なくとも，3つの要素からなっている（小長谷・北田・牛場 2006；小長谷ほか 2012）．① まず，人と人の間に「ネットワーク」が存在すること．② 次に，単なるネットワークではなく，そこに実質的な「信頼」関係があること．③ さらに，その信頼関係が長続きし，持続可能であるためには，一方的な関係では難しい．長期にわたって，参加者がみな何らかの利益を得て，win-win の関係を築けることが大切．そのため，「互酬性」とか「規範」などの第3の要素がさらに付け加わる．

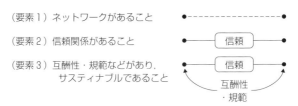

（要素1）ネットワークがあること

（要素2）信頼関係があること

（要素3）互酬性・規範などがあり，
　　　　　サスティナブルであること

**図序-10　ソーシャルキャピタルの定義**
(出所) 小長谷・北田・牛場 (2006)，小長谷ほか (2012)．

　以上の交流・関係人口論は，本書では，以下第2章で詳述する．ソーシャルキャピタル一般と地域づくり，まちづくりの関係については，補章2を参照．

## 第6節　地域創造型観光の戦略4——回遊空間・まちづくり戦略

　観光では，せっかく発見した地域観光資源そのままではなく，それらをつなぐ，一日単位で回れる回遊空間の設計が大事である．

　小長谷（2013；2016）によれば，マスツーリズムのみならず地域創造型観光においても一種の「「時間・空間的な」パッケージ化戦略」は有効である．それは集客産業，特にイベント戦略において一種の前払い特性があるためである．

## 1．集客産業の特殊性＝前払いの交通コスト

　あらゆる集客産業の最大の特徴は「顧客はすでに来訪している時点で入場料以外の来訪の交通費・時間・労力のコストを払っている」ことである．**したがって，顧客は，一度来たら，出来るだけ多くの満足を得ようとする．** ここから，イベントの時空間一致の法則や観光資源のパッケージ化の法則が出てくる．

## 2．イベントの時間空間一致の法則（時間空間・テーマ一致でマップをつくる）

　イベントでは，ばらばらにやっていたものを，① テーマを統一してやる，② 回遊可能なコンパクトな地域範囲で町の各所を回れるようにする，③ 同一日など，時間的に同期させてやること，例えば毎月第●日曜日などと決めて，顧客が覚えてもらいやすく，ブランド化しやすいようにする．

　その理由は，上記のように，商業・集客産業の大原則は「すでに顧客に来店というコストを負担させている」からだ．顧客は一端来たらできるだけ多くの満足を求める．だから「時間・空間・テーマを一致させる」ことが重要になる．これは普通のまちを一度に観光化する「まちぐるみミュージアム作戦」の有効性の根拠ともなる．このようにこれまでばらばらにやっていたライブなどを一度に一カ所でおこない，回遊性を確保するイベント戦略は海外でもあり，「ラ・フォル・ジュルネ現象」が有名（小長谷 2013；2016；桑田 2016）．

## 3．適用事例（回遊型イベント）

【A．展示系】まちぐるみ博物館，エコミュージアム：各家に古いものが残っている大阪市平野区や伊賀上野など多くの例がある．

【B．飲食系】バルイベント：いまブームの「まちバルイベント」は，マップをつくり，多数の飲食店を同日にはしごで回れるようにしたもの．これも同じ考え方である（真鍋 2013）．

【C．音楽系】ジャズライブや音楽祭：大阪の高槻，天満，高槻や神戸新開地などの「回遊型音楽祭」．MINAMI WHEEL（ミナミホイール）等の例．顧客はマップをもって回るというイベント（大島 2008 など）．

## 第7節　地域創造型観光の方向性1
### ——自然・体験・サステナビリティ志向

### 1．新トレンド　アフターコロナ時代
#### （1）アフター／ウィズコロナ時代のオープンエア革命

　アフターコロナに移行しても，ますます，ニューツーリズム，地域創造型観光に移行している．自然志向やアウトドア志向が進んでいる．

　ウィズコロナ時代に提唱された，いわゆるマイクロツーリズムは，①近場観光，②小グループ観光，③マイカー，④高付加価値・長期滞在化である．現在，近場観光トレンドは少なくなったが，その他のトレンドは継続している．

#### （2）立地変動——郊外，地方，都市中心部なら野外の環境が評価される時代

　小長谷（2021；2023）では，都道府県別，中心都市・郊外別の転入超過数（転

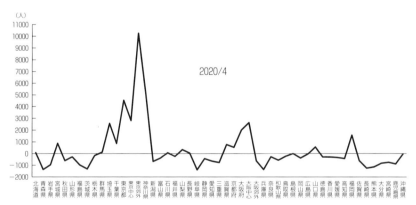

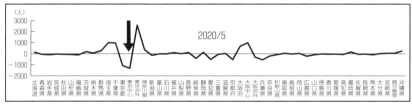

図序-11　東京で郊外への人口動態トレンドが始まった瞬間

（出所）小長谷（2021；2023）．

入−転出）を，（総務省統計局）「住民基本台帳人口移動報告」をもとに独自の加工により，日本の人口移動に 2020 年に現れた全く新しいパターンを指摘した．1）日本の人口移動は，2020 年の 4 月までの移動構造は基本的に東京一極集中である．2）ところが，コロナウイルス出現以降の 2020 年 5 月（第 1 波直後）から，全く構造がひっくりかえってしまった．この瞬間が 4 月から 5 月にかけておこった．「東京都」「東京圏中心都市」が，転出超に転じた．しかし「東京圏郊外」の転入超は続いているので，これをもって，首都圏一極集中がなくなったとはいえないが，東京中心部から郊外への脱出が始まっている．3）この都心脱出傾向は 2022 年になっても規模が小さくなったが継続しており，**図序-13**から 2022 年までの東京中心部の転入超過数のマイナスは基本的にあり，**図序-12** から 2022 年までの郊外の転入超過のプラスは続いている．

表序-5　2022 年までの東京中心部と郊外 3 県の比較（数値）

| | 転入超過数（−は転出超過） | | | | | | | |
| | 東京都特別区部 | | | | 東京郊外 3 県 | | | |
| | 2019 年 | 2020 年 | 2021 年 | 2022 年 | 2019 年 | 2020 年 | 2021 年 | 2022 年 |
|---|---|---|---|---|---|---|---|---|
| 1 月 | 3600 | 2833 | −2054 | 60 | 2759 | 2740 | 2764 | 3287 |
| 2 月 | 3479 | 4028 | −3290 | 436 | 3865 | 3731 | 4854 | 3182 |
| 4 月 | 7601 | 2806 | −1744 | 1542 | 18544 | 10249 | 16310 | 14198 |
| 5 月 | 3348 | −1314 | −1539 | −327 | 4381 | 2581 | 5423 | 3862 |
| 6 月 | 2845 | 828 | −2035 | −514 | 2545 | 3430 | 5141 | 974 |
| 7 月 | 1032 | −2827 | −3957 | −1073 | 1243 | 1368 | 2128 | 803 |
| 8 月 | 2701 | −4804 | −4394 | −86 | 3056 | 4345 | 5194 | 2420 |
| 9 月 | 2433 | −4904 | −4054 | −462 | 3741 | 4991 | 4287 | 4321 |
| 10 月 | 1920 | −4525 | −4016 | −513 | 3224 | 5643 | 5038 | 4034 |
| 11 月 | 1906 | −5081 | −3709 | −1654 | 1977 | 4801 | 4096 | 3897 |
| 12 月 | 877 | −6211 | −4309 | −1829 | 2268 | 6815 | 3595 | 2555 |

（出所）筆者作成．

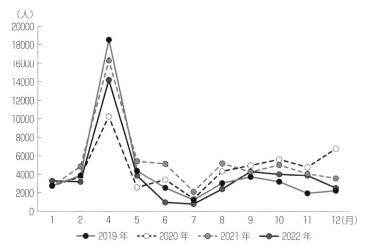

図序-12　2022 年までの郊外 3 県の転入超過数

（出所）筆者作成.

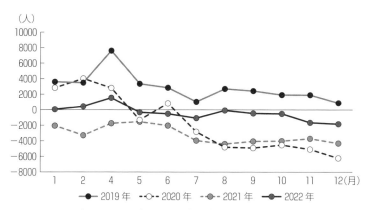

図序-13　2022 年までの東京中心部の転入超過数

（出所）筆者作成.

## ２．もともと重要だった自然・健康志向はアフターコロナで本格化した

### （１）もともとコロナ前から，自然と健康が重要だった──女性・シニア・健康のメソマーケット

　消費者の観光の目的地嗜好が多様化しているのがニューツーリズム革命であるが，それでは，観光のマーケットは，例えばコンテンツツーリズムのように，

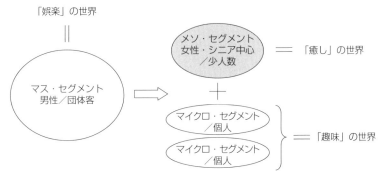

図序-14　集客マーケットの構造変化

（出所）小長谷ほか（2012）.

沢山のテーマの一部の熱烈なファンの小さなセグメントに分かれていくのだろうか？

　かならずしもそうではない. というのも人間が生物である限り希求するニーズは普遍性がある. それは健康・自然志向であり, それはかつての団体観光のような巨大マーケットではないが, 中規模マーケットで, 普遍性・永遠性のあるテーマといえる.

　このニューツーリズム時代の代表的中核ジャンルは, 意識が高く, かつ可処分所得や可処分時間が大きい女性・シニアマーケットである.

　従来の男性主体の身体トレーニング的健康マーケットからの移行トレンドの例は, すでに説明した「キャンプからグランピング」への他,「登山からトレッキングへ」（土井 2014）などの例もある.

　すなわち, 観光全体のトレンドとして, サステナビリティ志向, 自然志向, 健康志向が重要となってくる. それは, 形態としては体験型・参加型の観光になる.

## （2）コロナ禍後に目指される理想型としてのサステナブル, 自然, 健康

　もともと, コロナ禍直前の2019年にはインバウンド約3000万人に達し, コロナ禍直前にオーバーツーリズム状態であったところが多い.

　また, インバウンドも, 密を避けるという意味では, これまでのアジア系の

買物中心の団体観光から，欧米を含む小グループのおちついたニューツーリズムへの変化の動きは当然でている．野中・熊田編（2022）のアンケート調査によれば，むしろインバウンドも含めて，オーバーツーリズムでない，落ち着いた，① 歴史文化観光，② 体験型自然観光が期待されている．

　これらについては，本書では，第3章，4章，5章で詳細が論じられる．また，意外に体験型はオンライン予約に適しており，デジタル世代，DX にあっている．

## 3．もう1つのトレンド──IT の進展
### （1）OTA（オンライン・トラベル・エージェント）の拡大
　OTA とは，原則は，実店舗を持たずに，純粋にインターネット上だけで旅行商品の取引をおこなう代理店のことで，そのため実店舗を持つ伝統的な旅行会社がオンラインで旅行商品を販売するものは含まない．これが，伝統的な実店舗の旅行会社のマーケットを浸食してきた．例として，楽天トラベル，じゃらん，Expedia，Booking.com 等がある．

### （2）ワーケーション，テレワークの進展
　2010 年代末から本格的に始まったテレワークが 2020 年代には常識化した．これには2つの大きな理由があり，1）すでに 2020 年から始まったコロナ禍により，三密をさける郊外・地方にいく，2）遠隔通信技術，特に遠隔会議システムの質の向上，Zoom のようにオンラインの臨場感が得られるようになったこと，この2つで本格的な分散が進む．さらにワーク（仕事）とバケーション（休暇）の融合である「ワーケーション」という概念も一般化し，事例としては，徳島県の神山町や和歌山県の白浜市がある．一方，IT 企業が京都の町家を使う等のトレンドも続いており，フロリダ（2010）でも明らかにしているように，クリエイティブ人材はなによりもアメニティ要因を大切にする．だから都心でもアメニティやオープンエアがあれば生き残る可能性があるということである．

### （3）コロナ対応のオンラインツアー
　オンラインツアーも必死に付加価値を追求している．1）遠隔技術による付加価値：コロナ禍対応でエンタテイメントも含めて，新技術による視点の自由

性（360度操作）や，カメラを身体につけた目線，Zoomによるプロとの会話，2）お土産，料理の宅配による参加型の演出：これについては，有名ホテルや阪急交通社や琴平バスの例として，観光要素動員型の五感を満足させる立体構成マーケティングがある，3）インタラクティブに講師や仲間と質問や会話が楽しめる（質問タイム），4）普段はなかなか巡り会えない有名ガイドと会える，5）普段いけないところ（遠方，秘密の町，危険な町，秘境）に気軽にいける，6）お年寄りや子連れなどリアルで敷居の高い方が気軽にいける，などの要素がある．オンラインで成功しているマーケティングは，「単なるリアルそのままの置き換え」ではなく「オンラインでないと難しい高付加価値，新しい体験の付加がある」ことなど．そして，最後はリアルへの誘導，基本は，これまでいけないところの頭出しで，リアルの旅に最終的には誘導したい（小長谷2021：2023）．

　もちろん，IT技術の進展は，ローカル嗜好，関係人口とも関係する．

## 第8節　地域創造型観光の方向性2 ── 食・農・健康志向

### 1．ニューツーリズムにおける食・農の重要性の高まり
### （1）食はニューツーリズムで最大のキラーコンテンツ

　道の駅の爆発的ヒットをみてもわかるように，2010年代より，ニューツーリズムのカテゴリで食が圧倒的に出てきた．昔は，農業や食は，観光と無関係（一部では農業と観光は矛盾する）とまで言われたこともあったが，いまや農業や食は最大の観光コンテンツであり，農・食は観光と最大の協働関係にある．

　これは，以下のような五感にうったえる観光資源開発（商品造成）や回遊設計の重要性や時間・空間の一致戦略に適合する（小長谷ほか2012：辻2022）．

### （2）実は地方創生の主役が「食・農観光」の「消費者直結戦略」

　地方創生においてよく取り上げられる有名な成功例とは以下のようなものである．例えば「これまで柑橘類等の産地であったが，大手流通を通すだけで，価格決定権や付加価値は，産地より下流の加工・流通・小売りにあり，産地は価格決定権やブランド力がなかった．またキズ物や形の悪いもの2〜3割は出

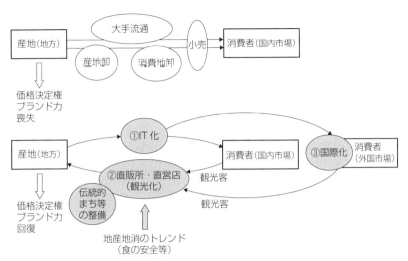

**図序-15　地方創生の鍵（一次産業，地場産業）は，消費者直結戦略**

(出所) 小長谷ほか（2012）．

荷できなかった．そんななか，都会から甥っ子が帰ってきて，ネットショップ
をやるという．裏山に空き小屋があり，そこで捨てていたものをジャムにして，
お洒落なデザインにして，ネットで売った．すると利益がいきなり50倍にな
った」．すなわち，消費者直結戦略が鍵である．

　この話では，まず産地から消費者にアクセスする飛道具である「ITの活用」
があるが，一番良いのは消費者が産地に来てくれることである．すなわち観光
である．健康で安全な食や農が最大の観光コンテンツとなり，道の駅や直売所
が観光の中心になってきている．これにより，価格決定権やブランド力を回復
できる．国際化・輸出・世界マーケットも重要だが，中心にあるのは地域から
の「消費者直結戦略」なのである．

　第5章では，参加型観光として，これまでの身体鍛錬的ヘルスツーリズムに，
美食的要素が加わる「ウエルネスツーリズム」が進展してきている流れを報告
している．

## ２．新しい商品造成論からみても，視覚・味覚・触覚を満足させる食・農観光がますます重要に

### （１）「中核的商品＋付加的商品」オーソドックスな商品造成論

　観光商品を整備するための最もオーソドックスな考え方は，中核的商品（アトラクション，歴史文化，エンタテイメント，ショッピング等）と支援的商品（交通機関，レストラン，宿泊施設等）に分類することであった．有名なコルブ（2007）は観光商品を，３つのカテゴリにわけている．１）中核的商品：観光客向けアトラクション，文化組織，歴史的場所，エンタテイメント，スポーツ，ショッピングその他，２）支援的商品：土産物，ツアー，交通機関，レストラン，宿泊施設その他，３）付加的商品：通り・歩道，公園，建物，市民，安全性，その他となる．

### （２）五感にもとづくニューツーリズム的な商品造成論

　ところで支援的商品は「アゴ・アシ・マクラ」といわれて副次的存在であったが，今や，あらゆるものが観光資源となるニューツーリズム化の流れにより，フードツーリズム（アゴ），観光列車（アシ），高級旅館（マクラ）のように「アゴ・アシ・マクラ」そのものが主要な観光資源・観光目的になる事例も出てきている（小長谷ほか 2012；藤田 2022）．そこで，観光が参加型になっていることを考慮して，観光資源開発の指針を，人間の五感に対応した「見る楽しみ」「食べる楽しみ」「買う楽しみ」を整備するというモデルで整理する．

　すなわち，観光政策としては，「① 見る」「② 食べる」「③ 買う」の３大要素のうちどれか欠けているものが，次に開発する有力な候補となり，リーダーはこれを整備すれば良い（小長谷ほか 2012）．

　以下に適用事例をあげる．

１）（歴史都市のケース）まわりの町並みを整備し「見る楽しみ」を満足させる．また，リノベーション町家にお洒落な飲食やギャラリーなどを誘致し「食べる楽しみ」「買う楽しみ」を満足させる．

２）（工業都市のケース）産業空洞化が進んでいるので，多くの場合，廃工場や廃倉庫群があるはずで，それをリノベーションして町並みを整備し「見る楽しみ」を満足させる．また街の雰囲気の活性化にはアートの力が有効である．リ

ノベーション倉庫にお洒落な飲食やギャラリーなどを誘致し「食べる楽しみ」「買う楽しみ」を満足させることを考える.

3）（商業都市のケース）商店街も，近隣機能だけなく，参加型イベントを企画し，町並みを整備し「見る楽しみ」を満足させる．またお洒落な飲食やギャラリーなどを誘致し「食べる楽しみ」「買う楽しみ」を満足させることを考える．また，大手の商業施設を誘致するにしても，人の流れがクローズ（閉鎖的・独占的）にならないように，まわりの地元地域に流れる回遊性を考えてもらう.

4）（農村地域のケース）いまや農業や食は最大の観光コンテンツであり，農・食は観光と最大の協働関係にある．ほとんどの観光地では，地産地消・安全安心の飲食が常識で（「食べる楽しみ」），そのような食材の生鮮朝市を開催し，そしてその食材を活かし，お洒落な加工品をつくっている（「買う楽しみ」）．また湯布院などを事例とする温泉革命で分かるように，歓楽街というより自然の美を活かした地域づくりが常識で，これは「見る楽しみ」の整備に他ならない.

# 第9節　ま　と　め

図序-16 は，地域創造型観光（観光まちづくり）の準備のため整備すべき条件

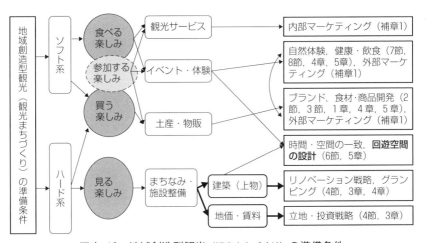

図序-16　地域創造型観光（観光まちづくり）の準備条件

（出所）筆者作成.

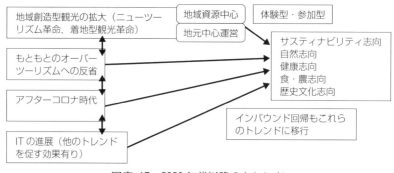

図序-17　2020年代以降のトレンド

（出所）筆者作成.

とポイントを列挙したものである. 大きくソフト系とハード系に分けられる.
商品造成論で説明したように, 地域資源を五感「見る愉しみ」「食べる楽しみ」
「買う楽しみ」にそって用意する.

　１）ソフト系の代表が,「食べる楽しみ」「買う楽しみ」で, 飲食店やイベン
トを開発すればよい. イベントはさらに補助的に「参加する楽しみ」を提供で
きる. ここで, 食や農の準備, 回遊空間の設計, サービス業としての品質の向
上（内部マーケティング）が重要である. 正確にいうと,「買う楽しみ」の土産・
物販は, 商品開発というハード系の側面もある.

　２）ハード系の代表が,「見る楽しみ」のまちなみ・施設整備である. 建築
（上物）はリノベーション戦略, 地価・賃料は, 立地・投資戦略である.

　観光まちづくりのレベルでは, 全体の予算規模, 投資の中では, まちなみ・
施設整備部分がもっとも大きく, 重要となる. これを効率的に, できるだけコ
ストを浮かせて, 投資効率をあげることが観光マネジメントの中心にある.

　これらから, 2020年代以降の新しい地域創造型観光の戦略および, ニューツ
ーリズムの展開を以下で紹介する.

　注
　１）オルタナティブツーリズムという用語はあくまでマスツーリズム全盛時の代替案とい

う意味なので，ニューツーリズムがメインとなった現在ではあまり用いられない．

2）したがってブランドと商標は違う．商標は区別の法的機能であるが，ブランドは，それ以上の心理的内容（信頼，約束，ロイヤルティ等）も含む概念である（田中 2000）．

3）クフウンシースホームページ「GLAMPEDIA グランペディア」（https://glampedia.jp/，2024 年 3 月 11 日閲覧）ほか，小長谷（2021；2023），土井（2014），野中・熊田（2022），を参照．

4）内閣府地方創生推進事務局（2019），小田切（2018），田中（2021）を参照．

## 参考文献

### 〈邦文献〉

大島榎奈（2008）「ミナミ・ホイール（MINAMI WHEEL）」『まちづくりと創造都市』晃洋書房．

ウィーバー，D., ロートン，L.（2022）『観光マネジメント』（国枝よしみ監訳），千倉書房．

小田切徳美（2018）「関係人口という未来」『ガバナンス』202．

観光庁（2022）「関連データ・資料集」（https://www.mlit.go.jp/kankocho/iinkai/content/001478971.pdf，2024 年 3 月 11 日閲覧）．

NPO 法人観光力推進ネットワーク・関西・日本観光研究学会関西支部編（2016）『地域創造のための観光マネジメント講座』学芸出版社．

桑田政美（2016）「プロモーションとイベントの活用方法」，NPO 法人観光力推進ネットワーク・関西・日本観光研究学会関西支部編『地域創造のための観光マネジメント講座』学芸出版社．

小長谷一之（2013）「観光による地域活性化と「時間空間一致の法則」」『観光政策フォーラム』41（『観光 Re: デザイン』2013.05.01. https://kankou-redesign.jp/pov/959/，2024 年 3 月 14 日閲覧）．

──────（2016）「地域創造型観光のマネジメント──成功事例からみる 7 つの原則──」，NPO 法人観光力推進ネットワーク・関西・日本観光研究学会関西支部編『地域創造のための観光マネジメント講座』学芸出版社．

──────（2019）「地域資源発掘法」『港まちづくりタイムズ』5．

──────（2021）「after/with コロナ時代の都市構造と都市型産業のあり方──第 3 の道論──」『都市経営研究』1．

──────（2023）「アフター／ウィズコロナ時代の立地論と都市構造──集客産業（商業・飲食・観光産業）政策の観点から──」『都市研究』19．

小長谷一之・福山直寿・五嶋俊彦・本松豊太（2012）『地域活性化戦略』晃洋書房．

コルブ，ボニータ・M.（2007）『都市観光のマーケティング』（近藤勝直監訳），多賀出版．

近藤政幸（2018）『着地型観光の経営的条件──DMO／DMC に至る地域産業複合体のバリューチェーン──』大阪公立大学共同出版会．

塩見正成（2021）「観光地域づくり法人（DMO）の分類と課題の検討」『都市経営研究 e

〈電子ジャーナル〉』16(1).

田中輝美（2021）『関係人口の社会学』大阪大学出版会.

田中敏行（2000）『ブランド資産入門』多賀出版.

辻紳一（2022）『道の駅の経営学——公共性のある経営体の持続可能性をもとめて——』大阪公立大学出版会.

鶴見和子・川田侃編（1989）『内発的発展論』東京大学出版会.

土井昭（2014）「アウトドア・ツーリズム都市構築の可能性——自然環境と観光を活かした自治体の活性化戦略——」『創造都市研究 e 〈電子ジャーナル〉』9(1).

内閣府地方創生推進事務局（2019）「第 1 回人材・組織の育成及び関係人口に関する参考資料」.

日本商工会議所（2023）「観光再生・復活に向けた意見・要望——持続可能な観光地域づくりの実現を目指して——」（https://www.jcci.or.jp/kanko_ikensho_2023.pdf, 2024 年 3 月 11 日閲覧）.

野中健太郎・熊田順一編（2022）『観光産業のグレート・リセット——成長をどうデザインするか——』中央経済社.

原一樹（2016）「見えない宝を探し，創りだすコンテンツツーリズム」, NPO 法人観光力推進ネットワーク・関西・日本観光研究学会関西支部編『地域創造のための観光マネジメント講座』学芸出版社.

福森浩幸（2023）「転換期にある観光地域づくり法人（DMO）の持続可能戦略——商品造成・コンサルティング・IT 広報マネジメントのモデル化——」『都市経営研究 e 〈電子ジャーナル〉』18(1).

藤田知也（2022）『観光列車の経済学的研究——地方鉄道の維持振興と地域活性化に向けて——』大阪公立大学出版会.

古田菜穂子（2015）「『岐阜の宝もの認定プロジェクト』から考える地域資源の可能性」『観光 Re: デザイン』2015.01.19（https://kankou-redesign.jp/pov/647/, 2024 年 3 月 14 日閲覧）.

————（2016）「地域におけるインバウンド対応策について——岐阜県の取り組み事例から——」, 日本交通公社編『平成 27 年度観光地経営講座講義録』日本交通公社.

————（2017）「関西の観光振興と人材育成を語る」日本観光研究学会関西支部『第 13 回　意見交換会：関西から観光立国・立圏を考える』資料.

フロリダ, R.（2010）『クリエイティブ都市経済論——地域活性化の条件——』（小長谷一之訳）, 日本評論社.

真板昭夫（2016）「宝探しとエコツーリズム」, NPO 法人観光力推進ネットワーク・関西・日本観光研究学会関西支部編『地域創造のための観光マネジメント講座』学芸出版社.

真鍋宗一郎（2013）「回遊型飲食イベント（バルイベント）の集客メカニズムについて」『創造都市研究 e 〈電子ジャーナル〉』8(1).

宮本憲一（1999）『都市政策の思想と現実』有斐閣.

宮本憲一・横田茂・中村剛治郎編（1990）『地域経済学』有斐閣.

森山正（2016）「顧客と地域人材のマーケティング」，NPO 法人観光力推進ネットワーク・関西・日本観光研究学会関西支部編『地域創造のための観光マネジメント講座』学芸出版社.

山口稔之（2021）「観光における新しい宿泊形態としての分散型ホテルの可能性」『都市経営研究 e〈電子ジャーナル〉』16(1).

吉兼秀夫（2016）「『地』の観光としてのエコミュージアム」，NPO 法人観光力推進ネットワーク・関西・日本観光研究学会関西支部編『地域創造のための観光マネジメント講座』学芸出版社.

**〈欧文献〉**

Kotler, P. and K. L. Keller（2006）*Principles of Marketing*, 12th. ed., Prentice Hall（恩蔵直人監修，月谷真紀訳『コトラー&ケラーのマーケティング・マネジメント（12 版）』ピアソン・エデュケーション，2008 年）.

Kotler, P. and G. Armstrong（2012）*Principles of Marketing*, 14th. ed., Prentice Hall（恩蔵直人『コトラー，アームストロング，恩蔵のマーケティング原理』丸善出版，2014 年）.

Poon, A.（1997）*Tourism, Technology and Competitive Strategies*, CAB International.

Putnam, R. D., R. Leonardi and R. Y. Nanetti（1993）*Making Democracy Work: Civic Tradition in Modern Italy*, Princeton University Press（河田潤一訳『哲学する民主主義——伝統と改革の市民的構造——』NTT 出版，2001 年）.

# 第 I 部

## 地域創造型観光の戦略

# 第1章 観光地ブランド戦略

松田 充史

　本章では，観光地に焦点をあて，マーケティングにおけるブランド戦略の考察をおこなう．ブランド戦略はマーケティングの典型的な手法の1つである．そこで，観光地におけるブランド戦略について，企業・製品のブランド論からの応用をこころみる．観光地がいかにブランドを成立させ，どのように価値を創造できるのかを見ていきたい．

## 第1節　マーケティングの重要性

　まずはマーケティングとはなにかを整理しておく．製品・サービスのマーケティングについてドラッカー（2008：78）は次のように述べる．

　　マーケティングの理想は販売を不要にすることである．
　　マーケティングが目指すものは，顧客を理解し，
　　顧客に製品とサービスを合わせ，自ら売れるようにすることである．

　また，観光地のマーケティングについてケラー（2015：176-177）は次のように述べる．

　　人も企業も移動が激しくなったこと，旅行産業が成長したことから，
　　場所のマーケティングが盛んになってきた．

　だが日本では「多くの地域が，マーケティング活動に関するノウハウや経験の不足から，思うような結果を出せずに頭を痛めている」（国土交通省 2006）．

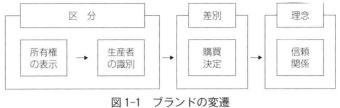

図1-1　ブランドの変遷

（出所）筆者作成.

## 1．マーケティング手法＝ブランド

　もともと，ブランドは，所有者の表示や生産者の識別・区分のためにあったが，消費・流通が拡大し，ブランドが消費者の購買決定に大きく影響をあたえるようになった．例えばブランドを手掛かりに製品を購入すると，消費者が欲しいものを探す手間や，品質が違ったといった失敗を減らすことができると考えられるようになった．そこから今日では，単にネームやシンボルのことではなく，製品・サービスに留まらず企業・組織の理念を表し，企業と消費者との「関係構築の鍵となる要素」（コトラーほか 2022：333）として，信頼を築く重要な要素となっている．

## 2．地域～観光地ブランドの定義

　日本は 2014 年に「特定農林水産物等の名称の保護に関する法律（地理的表示法）」を制定し地域ブランドの保護活用へと動き出した．「神戸ビーフ」や「夕張メロン」など 120 品目（2023 年 9 月 1 日現在）が登録されている．

### （1）「地域ブランド」

　小林（2016：7）は「地域ブランド」を次のように定義している．特定の地域空間や地域産品を他の地域のそれと異なるものとして識別するための名称や言葉，デザイン，シンボルまたはその特徴．付与対象が地域空間と地域産品のどちらかに限定される場合は，「地域空間ブランド」「地域産品ブランド」という用語を用いる．

### （2）「デスティネーション・ブランド」

　また，国連世界観光機関（UNWTO）は「デスティネーション（destination）＝目

的地・行き先」のブランドについて次のように述べる（UNWTO 2009）.

> デスティネーションの競争的アイデンティティの意と定義し，ある 1 つの
> デスティネーションを特徴的で記憶に残るものにするとともに，他のあら
> ゆるデスティネーションから区別する.

　地域空間ブランドとデスティネーション・ブランドは同義といえる．そこで
本章は，これらの定義から，観光を目的とした目的地・行き先のブランドを
「観光地ブランド」と定義する.

## 3．ブランド要素
### （1）ブランド要素
　製品・サービスブランドの要素として，ブランド・ネーム，URL，ロゴ，シ
ンボル，キャラクター，スローガン，ジングル，パッケージがある.
　一方，目的地・行き先のブランドには「ロゴ，スローガン，製品やマーケテ
ィング・キャンペーンではなく，ブランドでなにを達成するのか，消費者（訪
問者）視点の定義が重要」（UNWTO 2009）だとする．つまり，観光地ブランドに
おいては訪問者がなにをするかが重要な要素といえる.

### （2）価値共創（Value Co-creation）
　R. F. ラッシュと S. L. バーブ（2016）が「サービス・ドミナント・ロジック
（Service Dominant Logic：以下 SDL）」を提唱した．SDL は，サービス提供者と利
用者との価値共創（Value Co-creation）を捉え，「サービスこそが経済・企業活動
の中心にあって，モノはサービスの価値実現手段の一部である」と考える（村
上ほか 2017：7）．このことから，地域産品においてもサービスが中心にあるとい
えるだろう．農林水産業の 6 次化が新たなブランド価値を生み出すのである.

### （3）観光地のブランド化
　マーケティングの基本戦略に TPC（Target, Positioning, Concept）がある．観
光庁（2014b）に次のように書かれている.

> 　地域の特性を最大限に活かした観光地域づくりを通じた滞在型観光の促

進に向け，基軸となる観光地域づくりの理念（コンセプト），主たる顧客層（ターゲット），自地域の位置取り（ポジショニング）等を明確にした戦略的な計画の策定を促進する．さらに，日本を代表する有形・無形の地域資源がある観光地域について，地域の取組段階に応じた戦略的な観光地域づくりの促進に向け，地域の努力や顧客の満足度等の客観的・恒常的な評価の構築を図る．

顧客層（ターゲット）＝観光客を明確にすることが観光地ブランド戦略と述べられている．

## 4．機能的価値と情緒的価値

ブランドの価値には，① 消費者が製品を購入する際，どの用途で使うかといった機能上の価値＝「機能的価値」と，② デザインなど機能以外の価値＝「情緒的価値」の2つの価値がある．

### （1）観光地の機能的価値・情緒的価値

観光地においての機能的価値は，観光客がなんのために訪れるのかといった価値や意味といえる．一方，情緒的価値は，なんのために訪れるか以外の価値や意味と置き換えることができる．つまり，機能的価値だけならば，他に選択肢はあるだろう．例えば，単に泳ぎに行くだけであれば，ハワイや沖縄に行かなくても海水浴場の選択肢はある．

### （2）観光地の価値の例

観光地に機能的価値と情緒的価値の2つの価値を当てはめてみる．
【機能的価値】

機能的価値の例は，参拝による精神性の向上，温泉療法，リゾート地でのリフレッシュによる健康増進に至るまで幅広くみることができる．参拝は古代から続き，平安時代の熊野詣，江戸時代には伊勢参りの大ブームがあったが，日本においての観光旅行の原点といえる．また，温泉地での湯治は古くから効能が認められ，今でも温泉旅行は癒しの旅として人気がある．さらには山や海辺のリゾートにリフレッシュ効果といった機能的価値が認められる．

【情緒的価値】

　一方，情緒的価値の例は，「そうだ京都，行こう.」である．これは，京都が単なる地名では無い情緒的価値をあらわす広告コピーといえるだろう．この広告で使われるポスターのイメージを求め人々は京都をめざす．京都が持つ文化・歴史・芸術，そしてそれらを長年守り続けた価値が京都への憧憬をもたらす．が，観光客があふれ，イメージする静かに時間を過ごすことができないようであれば本末転倒である.

## 第 2 節　誰が（何が）観光地ブランドを作るのか，効果を強めるのか

　自然や歴史・文化，さらには産業などが人々を集める．しかし，いずれの地も最初から観光地として発展したのではない．本節では，誰が（何が）観光地ブランドを作るのか，その効果を強めるのかを考えてみる.

### 1．都市キャンペーン──「I LOVE NY」

　1970 年代のニューヨーク市は財政が破産状態で，都市は荒廃し治安が悪化した．その中，「アイ・ラブ・ニューヨーク」キャンペーンをおこない都市再生をめざした．世界中にⅠと NY の間に♥（ハートマーク）が入ったロゴとテーマソングが広がり，芸術文化の振興とともに，ニューヨークのイメージアップにつながった．つまり，デスティネーションとしてのニューヨークのブランディングに成功した.

　今日，ニューヨーク，ロンドン，パリ，そして東京や京都といった都市が観光客を集める．都市は人々を集めるインフラが整備されて発展しているが，目的が観光振興か地域そのものの振興なのか，都市キャンペーンには検討が必要と筆者は考える.

### 2．大規模イベント──オリンピック

　元バルセロナ市観光戦略部部長アリアス・アルベルトは，バルセロナオリンピックを契機に「観光地としてのバルセロナの歴史は 1992 年に始まったと言って良い．もちろんそれ以前も同地を訪れる観光客は存在していたが，それは

典型的な都市への来訪であって，いわゆる「観光地」としてではなかった」（アルベルト 2021：26）と述べている．

　日本はイベントなど MICE（マイス）の誘致・開催を促進する．MICE とは，企業等の会議（Meeting），企業等のおこなう報奨・研修旅行（Incentive Travel），国際機関・団体，学会等がおこなう国際会議（Convention），展示会・見本市やイベント（Exhibition/Event）の頭文字のことであり，多くの集客交流が見込まれ高い経済効果がもたらされるとする．このようなイベントがきっかけで観光客が増えると考えられるだけでなく，「都市ブランド」価値の向上（観光庁 2014a）につながる．

## 3．観光産業〜 SNS

### （1）航空会社

　1970 年〜80 年代，航空会社は夏や冬のリゾート地を表現する代表として，夏の沖縄や冬の北海道スキーを大々的にマスメディアを使って広告 PR をおこなっていた．それを旅行会社がパッケージ商品化し販売をしていた．しかし，スキー人口の減少や主ターゲット層であった若年層の関心の多様化により，バブル期をピークに大々的なキャンペーン広告は少なくなった．

### （2）鉄道会社

　鉄道会社は，JR グループがデスティネーションキャンペーン[2]として着地側の自治体とタイアップし，着地の観光開発の取り組みは今も続いている．このような「着地型観光」は一般的になり，旅行会社も，マスツーリズムの減少から，発地型旅行商品から，各地の観光開発による着地型旅行商品の開発の方に力を入れだした．

### （3）SNS

　現在はマス広告からソーシャルメディアを使ったコミュニケーション広告に移っている．何度も目にすることで親和性が増す「単純接触効果（ザイアンスの法則）」を，かつてはマスメディアが担い発信の機会を独占していた．が，今や，ソーシャルメディアがこの役割を担う．そのため，訪れた人々が気軽に発信することができるようになり，インスタ映えの拡散によって何気ない日常の風景

が人々の関心を集め，発信された場所が思いもよらない人気スポットになるようになった．

## 第**3**節　パーパス・ブランディング

　パーパス＝目的に基づいてブランドを展開する「パーパス・ブランディング」が重要とされる．社会的意義を中心に据えブランドに結び付けるのである．

　2012年より観光庁は観光立国の実現に向け，世界の誰が見ても素晴らしいと思える「普遍的な日本の魅力」について検討会をおこない，「訪日観光の価値」，「海外への発信」のあり方について議論をおこなった（観光庁 2014a）．

　その結果「DISCOVER the SPIRIT of JAPAN」をビジットジャパンキャンペーン10周年事業として，「日本人」を切り口に，日本の魅力を海外に発信する「日本を旅行することでしか得られない3つの価値」として展開した．3つの価値としては，①Character（気質），②Creation（作品），③Common Life（生活）を取り上げ，笑顔のおばあさん・少女・職人といった人を普遍的な日本の魅力としてイメージ写真に使った．これは，人と人のつながりに日本を訪れる価値をあらわしたものといえるだろう．つまり，持続可能な観光地ブランドの構築のためには，訪れる人々が観光地のブランド要素となり，地域社会の人々と共に本来あるべき観光地を構築することが観光地ブランドに求められるのではないだろうか．

## 第**4**節　訪れる人々が観光地のブランド要素

　最近になり日本では，観光やビジネスなどの目的で訪れる「交流人口」，移住者も含む「定住人口」，そして地域に何らかの関わりをもつ「関係人口」と呼ばれる人々を対象とし，多様な主体の存在から地域を考えるようになった．

　地域をとりまくステークホルダーは多種多様であり，価値を共有する場合があれば，関与するどころか，相反する場合もある．

## 1．「おもてなし」と「客ぶり」

　2013 年 9 月, 東京オリンピック・パラリンピック招致プレゼンテーションで「おもてなし」が使われ, 流行語大賞を取るなど注目された. おもてなしでは, 伝統的な茶道の世界では千宗室 (1970：44) の言うところの「自他一如 (主客一体)」が求められる. これは「客ぶり」＝もてなされる側の技量・働きも必要であるとする. いわば, もてなす側ともてなされる側, 双方の「価値共創」が必要なのである.

## 2．ブランド要素としての「人」

　ブランド要素として「人」を考えるとき, もてなす側ともてなされる側との一体の関係性が欠かせない. 観光客など訪れる人々 (交流人口・関係人口) も自らの客ぶりを実践し, 地元産業や観光業, そして地域住民 (定住人口) らと価値共創をめざす取り組みが観光地ブランド戦略に必要ではないだろうか.

　UNWTO は「The Responsible Tourist and Traveller (責任ある旅行者)」として, 旅立つ前に旅先の慣習, 伝統, 社会様式を調べることが, その地域を理解するうえで有効であり, 旅の体験を生き生きとしたものにしてくれると述べている. 世界中の旅先を多様で個性的なものにしている歴史や建築, 宗教, 服装, コミュニケーションの方法から音楽, 芸術, 料理に至るまでを体験し, その全てを尊重するように啓蒙する.

　訪れる人々自身がブランド要素となり, 観光地の何ものにも代えがたい価値になる. この訪れる人々とのコ・クリエーション (価値共創) が観光地ブランド戦略に必要ではないだろうか.

注
1）「そうだ京都, 行こう.」とは, JR 東海が 1993 年からつづける広告キャンペーン.
2）JR グループは「デスティネーションキャンペーン」を 1978 年から実施し現在も続いている.
3）一会の成否は主と客の心通うところから決まるといえる. 技量・用 (働き) など, おしなべて主の心尽くしを受け止めて, それによく応えられるのを客振りがよいという. 亭主はその日の客次第ともいわれる (林屋ほか編 2002：374).

## 参考文献

### 〈邦文献〉

アルベルト，A.（2021）「バルセロナ市の取り組み——都市デスティネーションの持続可能なマネジメント——」，石黒侑介・小倉龍生・ペドロ ダビド編『スペインの取り組みから占う北海道のデスティネーション・マネジメント』（CATS 叢書 13），北海道大学観光学高等研究センター.

観光庁（2014a）「DISCOVER the SPIRIT of JAPAN」（https://www.mlit.go.jp/kankocho/topics08_000113.html，2023 年 8 月 20 日閲覧）.

———（2014b）『観光白書 平成 26 年版：観光地域のブランド化』昭和情報プロセス.

ケラー，K. L.（2015）『戦略的ブランド・マネジメント 第 3 版』（恩藏直人監訳），東急エージェンシー.

国土交通省（2006）『地域観光マーケティング促進マニュアル』（https://wwwtb.mlit.go.jp/kyushu/topics/file21_4/file211124.pdf，2024 年 3 月 12 日閲覧）.

コトラー，P.，アームストロング，G.，オプレスニク，M. O.（2022）『コトラーのマーケティング入門』（恩藏直人監訳），丸善出版.

小林哲（2016）『地域ブランディングの論理——食文化資源を活用した地域多様性の創出——』有斐閣.

千宗室監修（1970）『裏千家茶道の手引き』裏千家今日庵文庫.

ドラッカー，P. F.（2008）『マネジメント［上］——課題・責任・実践——』（上田惇生訳），ダイヤモンド社.

林屋辰三郎ほか編（2002）『角川茶道大事典』角川書店.

村上輝康・新井民夫・JST 社会技術開発センター（2017）『サービソロジーへの招待——価値共創によるサービス・イノベーション——』東京大学出版会.

ラッシュ，R. F.，バーゴ，S. L.（2016）『サービス・ドミナント・ロジックの発想と応用』（井上崇通監訳，庄司真人・田口尚史訳），同文舘出版.

### 〈欧文献〉

UNWTO（2009）*Handbook on Tourism Destination Branding*, World Tourism Organization.

### 〈ウェブサイト〉

ニューヨーク市経済開発局（2022）https://www.iloveny.com/（2023 年 8 月 2 日閲覧）.

# 第2章　ツーリズムと関係人口

堀内 史朗

　本書で紹介される章において，観光客とは，ある場所を訪れた後，近いうちに家に帰ることが想定されている．観光を英語で言うと tour であるが，この言葉には「行って戻る」という意味が含まれている．訪れた場所へ行ったきり，ということは，観光においては考えられていない．しかし，何度も訪れる中で知り合いができ，住むのに適した場所を見つけ，仕事が見つかるなどした結果，訪れた場所へ生活の拠点を移すことはありうる．初めからそこに移住することを念頭に，視察目的で訪れることもあるだろう．完全に移住するのではないにしても，生活や仕事，人間関係の一部を訪れた先に移すこともある．このように，移住につながる観光や，生活や仕事の拠点を部分的に移す観光など，近年になって地方創生事業の手段として注目されている「関係人口」の概念や事例，可能性について本章で紹介する．

## 第1節　地方において期待されてきた観光の役割

　一般的に観光とは，余暇を過ごす娯楽の1つとしておこなわれる．一部の特権階級のみに可能だった観光が，多くの人が楽しむことのできるマスツーリズムへ転換したのは，19世紀に産業資本主義が広まり始めてからである．その背景には，工場労働に従事する都市住民が増えたこと，職場の生産性を高めるために余暇を充実することが経営者に求められたこと，都市が汚れて海岸など自然豊かな場所での余暇が労働者に求められたこと，などがある（アーリ，ラーセン 2014）．

　産業革命が始まったイギリスでトーマス・クック（1808-1892）が世界で最初の近代的な旅行会社を作った．鉄道を利用したツアー旅行，旅行ガイドブック

の発行，宿泊施設の整備など，マスツーリズムを可能にする体制が整えられた．産業資本主義が世界に広がるにつれ，余暇を過ごすための娯楽としての観光であるマスツーリズムも，世界中に広まっていった．汚れた都市から，自然が残る地方へ，多くの観光客が訪れるようになった．

　日本で本格的にマスツーリズムが広まったのは，20 世紀に入ってからのことである．関東大震災や第二次世界大戦などの災禍を経て，1960 年代に高度経済成長期を迎え，多くの日本人が豊かになった．地方から大量の人間が東京などへ仕事を求めて移住した結果，都会では過密問題が起こった．地方では，人が減り，一部では過疎が深刻な問題になった．都会在住の豊かな人に娯楽を提供し，地方に消費や雇用をもたらし，都会の過密・地方の過疎のアンバランスを一時的にでも解消することが，マスツーリズムに期待された．

　また 1980 年代に入ると，当時の日本は，アメリカ合衆国との間で貿易摩擦が深刻化し，内需拡大が求められていた．地方にてマスツーリズムを推進することで，国内需要を促進することが求められたのである．各地でホテル，ゴルフ場，スキー場などの大規模リゾート施設が開発された．観光施設の開発は，排煙・排水などをともなう工場の建設に比べれば，環境汚染の程度は低く，公害の懸念が少なかった．大規模リゾート施設の多くは 1980 年代末のバブル崩壊で経営破綻するのだが，それ以降も地方で観光産業が重視される傾向は変わらず，現在に至っている．

　地方では，当初は国内の団体観光客を受け入れてきた．ところが多くの企業で終身雇用体制が崩壊し，派遣労働者が増え，職場の流動性が高まってきた．社員 1 人 1 人の個人主義志向が強まり，会社が社員のプライベートを束縛する風潮が弱くなり，慰安旅行などもそれほどおこなわれなくなってきた．日本人が観光をしなくなったわけではない．地方の観光地へ会社の同僚などと訪れるのではなく，家族や友人と，あるいは個人で国外を観光で訪れる人が増えてきた．2000 年代には日本全体の人口減少が始まる．観光によって地方の雇用や社会インフラを保つためには，国外からの観光客を視野に入れることが求められるようになった．観光産業を維持するためには，外国人観光客を視野に入れなければならないことは，日本政府も危機感を持って認識してきた．

　そこで 21 世紀に入り，外国人観光客の誘客を念頭に，日本を観光立国とす

る政策が進められていく．2006 年に観光立国推進基本法が成立し，2008 年には観光庁が設立される．観光に関するさまざまなデータが集計されるようになったのはこの時期からである．訪日観光ビザの取得が緩和され，また円安政策の働きもあって，訪日外国人観光客数は鰻登りに増加していった．まずは東京や大阪などの大都市，あるいは有名な観光地を擁する京都や北海道などが外国人観光客で賑わうようになる．そのようにして集まった観光客を地方に振り向けることが観光政策の課題であった．地方への観光客の誘客のために，その地域に伝わってきた自然・文化・歴史・産業などが観光資源として開発された．観光地としてのブランディングを高めてくれる，ユネスコ世界遺産への指定登録も各地で目指されるようになった．

　ところが 2020 年に入り，訪日外国人の誘客は大打撃を受けることになる．新型コロナウイルス感染症（COVID-19）のパンデミックによって，訪日外国人観光客数は大幅に減少した．外国人観光客だけでなく，国内観光客に限定しても，度重なる緊急事態宣言の発出で多くの観光地が打撃を受けた．2023 年 4 月になって，COVID-19 の感染症法での位置づけが 2 類から 5 類に移行し，それまで抑制をかけられていた観光客数，とくに訪日外国人観光客数が急速に回復傾向にある．しかし COVID-19 は完全に世の中から消失したわけではないし，それ以外の感染症もこれから問題になるかもしれない．日本を取り巻く国際情勢も不透明である．これからも，従来のような大量の観光客を呼び込むマスツーリズムが可能なのか，検討が必要である．

## 第2節　新しい観光と地方創生事業

　以前から，地方のマスツーリズムについては疑問が突きつけられていた．大量の観光客が訪れることで，感染症が拡大するだけでなく，その地域に伝わってきた観光資源の破壊や俗化，オーバーツーリズムによる地域住民の生活被害など，さまざまな問題が引き起こされる．大量の観光客に対応できるのは大手の観光業者だけであり，地元の企業，まして住民が受ける恩恵は少ない．マスツーリズムに変わる，その地域の企業や住民主体で対応できる，持続可能な観光のあり方が模索されていた．

　持続可能な観光にはさまざまな形態がある．観光を通して各地の自然や文化を守ろうとするグリーンツーリズムやエコツーリズムは典型的な例である．各地で継承されてきた歴史や産業などを体験するコト消費型の観光や，産業遺跡や戦地跡などでの学習をするスタディツーリズムも持続可能な観光の一形態である．被災地の支援をおこなうボランティアも，持続可能な観光の一形態として見ることもできる．

　持続可能な観光の一形態として，従来から多くの地域で取り組まれてきたのが観光まちづくり事業である．**図 2-1** は国土交通省がまとめた観光まちづくり事業の概念図である．ここで主眼になっているのは，住民たちの地域に対する気付き・誇り，そして住民自身によるまちづくりである．地域外からの人，つまり観光客を呼び込むことが主目的ではないことが図でも示されている（**図 2-1** 左上）．観光による消費は，実はそれほど大きな期待をあたえられているわ

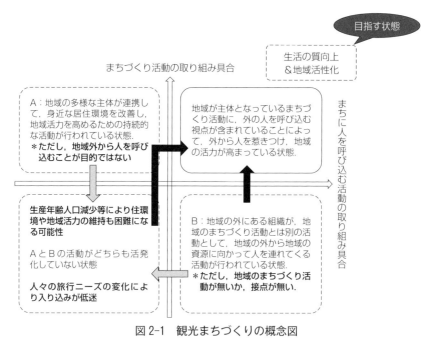

**図 2-1　観光まちづくりの概念図**

（出所）国土交通省「観光まちづくり」（https://www.mlit.go.jp/toshi/kanko-machi/index.html，2024 年
　　　 3 月 13 日閲覧）．

けではない．むしろ，観光客との交流を通しての，地域住民の満足感や生活の質の向上が目指されてきた（図2-1 右上）．

そして現在，一度観光で訪れてもらったことをきっかけに，観光客に将来的にそこに移住してもらうことを期待する，あるいは本格的な移住の前にお試しでそこに暮らしてもらう「お試し移住」が各地で展開している．個人や数人で地方を訪れ，そこで観光しながら働く「ワーケーション」が注目され，さまざまな企業と地方の連携で進められている．地方を第二の生活拠点として選んでもらう「二地域居住」がこれから広がっていくかもしれない．以上のような，従来のマスツーリズムとは異なるやり方で，普段は都会にいる人・いた人が，緩やかに地方とつながるあり方を，総称して「関係人口」と呼ぶ．これもまた持続可能な観光と捉えられる．

関係人口について，近年になって研究が進んできた．田中輝美は，島根県や香川県の事例を紹介しながら，関係人口として地方を訪れる人と，そこに根付いた人々の関係性がうまく機能することで，自分たちの地域を自分たちで良くしようとする機運が高まることを報告している．関係人口という枠組みで考えることで，移住者あるいは観光客を地方間で奪い合う消耗戦を回避できるとも考えられている（田中2021）．総務省は関係人口ポータルサイトを運営しており，そこにはさまざまな事例が紹介されている．例えば水田のオーナー制度（奈良

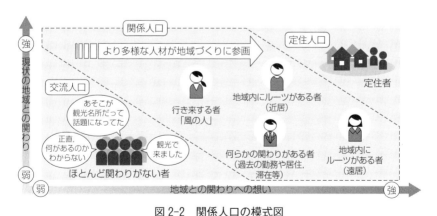

**図 2-2　関係人口の模式図**

（出所）総務省 関係人口ポータルサイト（https://www.soumu.go.jp/kankeijinkou/about/index.html，2024年3月13日閲覧）．

県明日香村など），アートプロジェクトを支援するボランティア隊員（新潟県十日町市など），そして各自治体が進めているふるさと納税などを，関係人口の事例として取り上げている．ふるさとワーキング・ホリデー，お試しサテライト・オフィス，地域おこし協力隊などの制度も紹介されている[1]．

　**図 2-2** は，関係人口ポータルサイトに紹介されている関係人口の模式図である．ここでは交流人口（観光客）と定住人口（移住者）の中間に，関係人口が位置づけられている．図にあるように，関係人口にも「行き来する者（風の人）」「何らかの関わりがある者（過去の勤務や居住，滞在等）」「地域内にルーツがある者（近居）」「地域内にルーツがある者（遠居）」など，さまざまなパターンがある．

　以下，関係人口の事例として，上でもとり上げた（1）お試し移住，（2）ワーケーション，（3）二地域居住について紹介する．

## 1．お試し移住

　これまで，地方への移住は，仕事などをリタイアした老荘年期に入ってからのものとして考えられることが多かった．近年は，都会の生活では満足できない若い世代が，自然の中での仕事や子育て環境など，好ましいライフスタイルやコミュニティを求め，地方へ移住する動きが広がっている．

　ただし，これまで縁のなかった地方へいきなり移住することには不安もあるだろう．移住希望者の事前相談や移住体験が求められる．「認定 NPO 法人ふるさと移住回帰センター」は，地方暮らしや IJU ターンを希望する人へのサポート・移住相談をしており，移住相談件数は年々増えてきた．2022 年度の年次報告書によると，千代田区に拠点を置く東京情報センターへの問い合わせおよび面談・セミナー参加者件数が 2009 年度は 4022 件だったのが，2019 年度には 4 万 9760 件と 10 倍以上に増えていた．2020 年度は新型コロナウイルス感染症による緊急事態宣言発出のためにセンターの休業，業務縮小をしたため相談件数は減少したが，それでも 4 万 729 件となった．そして最新の 2022 年度にはコロナ以前を上回る 5 万 2955 件が問い合わせおよび面談・セミナーに訪れている[2]．本格的な移住の前に，まずは数日〜数カ月の移住体験を通して，地方暮らしに伴う不安や，選んだ場所とのミスマッチを解消することが期待されている．

　総務省事業の地域おこし協力隊は，最長 3 年のお試し移住の例といえる．開始当初の 2009 年度の隊員数が 89 人だったのが，2022 年度には 6477 人となっている．この制度によって，移住者と地域のマッチングが可能になり，移住者は自身の地方暮らしの適性を把握することができる．

　受け入れる地方自治体の方では，空き家物件の紹介や，移住者相談会，移住イベントなどをおこなっている．家具や炊事道具などを揃えて，安価，場合によっては無料で移住体験ができる家屋を用意している自治体もある．また実際に住民票を移すなどして拠点をそこに移した移住者に対して，家賃補助などの継続的な定住促進の制度を取り揃えている自治体もある．都会から移住してきた人は，地方暮らしで戸惑うことが多々ある．都会のような電車・バスなどの公共交通機関は不十分なので，自家用車はほぼ必須になる．同じ仕事内容であれば，地方の方が給与は一般的に安い．地域で暮らす中での近所付き合いなどに煩わされることも多いだろう．そうしたミスマッチを防ぐためにも，まずは短期間の移住体験をすることが，移住者にとっても，受け入れる地方側にとってもメリットのあることになる．

　山陰地方は，全国の中でもライフスタイルやコミュニティを求める移住者が多いことで知られている．例えば鳥取県若桜町は，子育て世代向けに，手厚い子育て支援を謳っており，幼保連携型認定こども園の「わかさこども園」，校舎一体型の小中一貫校である「若桜学園」が町の中心部に位置している．移住者に対する住宅支援補助金や移住奨励金の交付がおこなわれている．また若桜町移住定住・交流センターが設置され，若桜町ならではの暮らしの紹介，移住希望者に対する住宅や仕事に関することなどさまざまな相談をおこなっている．地域おこし協力隊などを経た移住者の一定数が，若桜町に定住している．同町が公開している動画では，ある典型的な移住者の暮らしとして，地域の人が移住者を柔軟に受け入れてくれること，子育てに良いことなどが紹介されている[3]．

## 2．ワーケーション

　ワーケーションは，観光しながら働くという，モバイル型労働者の実情に合わせた観光の一形態である．もともとは自宅や喫茶店，移動中の新幹線などが社外で働くテレワークの主要な場所だったが，その場所が地方でも整備される

ようになってきた．海外ではフリーランス労働者の労働形態として考えられることが多いワーケーションだが，日本では，企業が労働者に長期の有給休暇を取らせる仕組みとして推進されている．余暇を過ごしつつ，並行して仕事をするため，その訪問地ではサテライト・オフィスやコワーキング・プレイスなど，仕事ができる環境が整っていることが望ましい．そうした場所で集う人たちによる，ゆるやかなコミュニティができあがり，生産性が向上することも期待されている（松下 2019）．

　近年になって，ワーケーションは，地域創生の有効な手段として捉えられている．ワーケーションが展開されるコワーキング・プレイスは，仕事（日常）と余暇（非日常）の境界を超えることで，労働者に創造性を持たせる可能性が期待されている．例えば午前中はサーフィンやスキーなどのアウトドア・スポーツを楽しみ，午後は仕事をするなど，地方だからこそ可能な働き方・余暇の過ごし方が期待されている．ワーケーションのメリットとして，好きな場所で働けるのでモチベーションが上がる，長期休暇が取りやすくなるなどのメリットがあるとされている．

　2019 年 11 月には和歌山県と長野県が主導して「ワーケーション自治体協議会」が発足した．発足当初に会員として参加する自治体数が 65 だったのが，2023 年 9 月の時点での参加自治体数は 216（1 道 25 県 190 市町村）となっている．会員市町村の数で多いのは，長野県（38 団体），北海道（17 団体），和歌山県（15 団体）となっており，寒冷ないし温暖な気候を求めて，冬季ないし夏季のレジャーなどを求めて，あるいは都心からの距離は離れているがアクセスは良い場所を求めてのワーケーションが期待されていると考えられる．

　和歌山白浜町は，ワーケーションが盛んな地域として注目されてきた場所である．羽田空港から直行便のある南紀白浜空港の最寄りの場所には，たくさんのコワーキングスペースがあり，多くのホテルもワーケーション対応を謳っている．もともと保養地だったこともあり，企業労働者の多くが，白浜町でのワーケーションを実施しているようである．株式会社 NTT データ経営研究所・株式会社南紀白浜エアポート・TIS 株式会社は，2021 年 3 月に，13 名のワーケーション参加者を対象とした実証実験をおこない，結果を報告している．7 名の在宅リモートワークと比較をおこない，ワーケーションが業務生産性およ

び心身の健康にポジティブな効果をもたらすと報告している．具体的には，ワーケーション実施中だけでなく，終了後においても，抑うつ感が減退し，仕事に対する活力やパフォーマンスが向上した　などの効果が紹介されている[4]．

## 3．二地域居住

　二地域居住は「仕事の拠点としての都会」と「住む場所としての地方」というように，2 カ所（場合によっては 3 カ所以上）に滞在拠点を置き，目的に応じて滞在する場所を変えるライフスタイルのことである．物価の安い地方に別荘を所有してそこで休日を暮らすライフスタイルは従前からあったのだが，それは一部の富裕層に限られていた．そして彼らが，地方にある第二の拠点で，地域住民と深い人間関係を取り持つことは，あまり考えられてこなかった．ところが，地方で人口減少が進み，耕作地の放棄や地域インフラの撤退が進む．地域の行事の担い手も減ってしまうようになった．そのいっぽうで空き家が増加し，それらをリノベーションすることで誕生したシェアハウスなどが拡充した．このようにして誕生した住居に二地域居住者を呼び込み，地域経済社会の一端を担ってもらうことへの期待が高まっている．二地域居住者の方も，都会の便利さ，地方の自然をそれぞれ体験することによって得られる効用が実践者によって報告されている（馬場 2014）．

　二地域居住は 2 カ所の住まいに対して家賃を支払い，交通費もかかる．子育て世代などの場合，どちらの住所の学校に子供を通わせるかなども問題があるだろう．そういう意味で，広まっているとは言っても，やはりある程度の資産や収入が有ること，そして当人が健康であり，移動しやすい家族構成の人において可能なライフスタイルである．しかし，そうした典型的な二地域居住者以外にも，例えば単身赴任者や，介護などの理由で頻繁に家族のいる家へ戻るものも，二地域居住者と言えないことはない．このように複数地域に拠点をおく人が，それぞれの場所での人間関係を満足いくものにすることで，人口減少が進む地方の活性化も期待できる．

　国土交通省が主導して，2021 年 3 月に「全国二地域居住促進協議会」が設立された．国土交通省が発表した「地方公共団体向け二地域居住等施策推進ガイドライン（2023 年時点で第 3 版）」では，二地域居住者を増やすために，情報発信，

相談窓口の設置，きっかけづくり，具体的な取り組み支援というように，順を追って二地域居住者を増やすことを地方公共団体に対して推奨している<sup>5)</sup>．

　二地域居住者の実数や，どこに拠点を置いているかなどの実態については，統計資料がないので詳細は不明である．参考までに，国土交通省の報告「お試し居住・体験暮らし」の2022（令和4）年度調査結果<sup>6)</sup>によると，種々の取り組みをおこなっている市区町村数が多いのは北海道（112団体），長野県（55団体），高知県（34団体），福島県・鹿児島県（ともに27団体）であり，前節で見たワーケーションに比べて，取り組みを進めている市区町村数は多く，必ずしも交通アクセスが良い場所とは限らないようである．また一般社団法人不動産流通経営協会が2020年におこなったウェブ調査によると，全人口の6.6％の日本人が二地域居住をしていると推測される．二地域居住をしていると回答した人の多くが，近隣に第二の生活拠点を置いているようである．しかし中には数時間以上かかる場所に二地域を置いている人もいる<sup>7)</sup>．

　兵庫県に属する淡路島（淡路市・洲本市・南あわじ市）は，大阪市や神戸市など大都市から近郊で，通うことも不可能ではない場所だが，そこに第二の拠点をおいて有意義な生活を送る人は一定数いる．NPO法人あわじFANクラブが運営しているあわじ暮らし総合相談窓口では，これまでに淡路島に移住した100人以上の生活を紹介しているが，そのうちの一定数が淡路島に移住する前に二地域居住をしている．中には，完全に移住するのではなく，二地域居住をライフスタイルとして実践している者もいる<sup>8)</sup>．

　実は筆者自身が，ふだんの生活を大阪府にて単身赴任者として，休日等を家族が居る淡路島で過ごす二地域居住者である．筆者のように仕事と家庭の場所を分けて暮らす二地域居住者は相当数いるのではないだろうか．移動は大変ではあるが，異なる環境の景観や地域コミュニティの，良い部分・悪い部分を経験することで，都市・地方の価値を相対化できる．その知見をふまえ，学生の実習先として淡路島を選ぶことが多い．筆者以外にも，同様にして二地域居住を生活や仕事に活用している事例はあると考えられる．そのことの積極的な意味がこれから探索されるべきであろう．

## 第**3**節　関係人口を促進する教育

　日本政府が地方創生事業の切り札として関係人口について注目し始めてから，さまざまな研究事例が報告されており，その可能性はこれからますます発掘されて展開されるだろう．これまでに想定されていなかったような関係人口の枠組みも発見され，多様な都市・地方の関係性が生まれていくことも期待できる．関係人口がきっかけで，地方への移住が促進され，過度な東京一極集中が緩和される一方で，有意な人材がさまざまな交流をおこなう創造都市（佐々木 2012）が各地で成長するかもしれない．

　関係人口は，ただ地方創生事業に資することにのみ意義があるのではない．都会で生まれ育ち，そこでの生活しか知らない人に，地方と緩やかに関わることができる，地方で自分の力を活かすことができる，という選択肢を示すことが，関係人口の意義としてある．オンライン会議やSNSだけではわからないリアルな生活が地方にあることを発見することは，地方の活性化に貢献するだけでなく，発見した人間の幸福感にもつながるのではないだろうか．

　筆者は普段，大阪府にある大学の教員として，若い学生たちと接する機会が多い．とくに都会出身の学生の中には，普段の都会での生活圏でしか人と接することがなく，地方で暮らし働くことへの想像力が働かず，都会とは異なる生き方があることに無関心な者が一定数いる．そういう若年者に対し，ふだんの都会暮らしでは接することのない，異なった生き方・価値観を持っている人がいるということを伝えることが，当人のキャリア意識や知的好奇心，他人を思いやる気持ちに強い影響を及ぼすと考えている．彼らが普段の生活では接することのない異なる世界へ無関心になってしまう背景に，観光などでの異文化経験が少ないこと，あるいは，せっかく観光で現地を訪れても，ガイドブックやSNSなどで事前に知っていたことを再確認するだけで，現地でしかできない強烈な体験に遭遇する機会が少ないことがあるのではないだろうか．コロナ・パンデミックを思春期の頃に経験し，観光をすることが抑制されていた，これから大学へ進学してくる若年者において，その傾向が強くなることが懸念される．

　そこで，関係人口の入口を若年者に見せる教育が求められる．いま，東京・

大阪などの都会に拠点を置く大学の多くで，地方と連携した事業が展開されている．その目的は，学生たちに課題解決力やコミュニケーション能力を鍛えさせることであるが，得られる教育成果はそれだけではない．学生たちに，それまでに知らなかった生き方・価値観を発見させることに貢献しうる．域学連携という枠組みの中で，多くの大学において学生たちを地方へ引率し，地域の自然，産業を学び，そして人々と交流させる教育プログラムを展開している．筆者自身，学生たちを地方へ引率し，地域の人々と関わらせる授業・実習をおこなってきた．その結果，学生たちに地方への関心を深めさせることができた（堀内2020）．

　筆者は，自身が勤務する大学や，それ以外の大学の卒業生・4年生を対象に，ゼミ活動などで地方でのフィールドワークをした経験がその後のキャリアにどのような影響を持つに至るかについて，インタビューに基づいた研究調査を進めてきた．都会育ちで地方に悪いイメージしか持っていなかった学生は，地方に関わったことがきっかけで，地方へ遊びに行くようになるだけでなく，地方で暮らすことを選択するようになる．地方育ちで都会へ憧れをもって大学に進学してきた学生たちも，それまで当たり前だと思っていた地方の魅力を再発見するようになっている．大学を卒業後は，都会に本社がある企業等で働く者が多い．しかし，学生時代にお世話になった地域へ定期的に遊びに行くようである．将来的には地方へ移住することを考えている者も少なからずいる．地方では仕事が少ないため，若いうちは都会で働いて知識や人脈を広げて，将来的な起業に備えている．そのようなキャリア意識を持つことが可能だったのは，フィールドワークを通して田舎で暮らし働くことの可能性を，知り合った地元の人々から学んでいたからである．インタビュー当時に休職中の者もいた．職場環境や過重な労働に耐えられず，仕事を休んでいたのだが，都会で働き詰めになることだけが人生ではないことを，地元の人から学んでいた．学生たちは，フィールドワークを通して，新自由主義の中で求められる起業家意識だけではなく，ゆったりしたライフスタイルという意識も得ているのである．以下，いくつかのインタビューでの学生たちによる説明を紹介する．

　「フィールドワークがきっかけで，田舎に興味が出た．来年度から北海道

に地域おこし協力隊として赴任する．田舎だからこそ，自分たちみたいな
若い人を呼んで，チャンスを与えようとしてくれている.」
──インタビュー当時4年生・地域おこし協力隊に内定

「自分が勤めている会社は，ワーケーションの推進に取り組んでいる．先
日，会社の代表を，学生時代にお世話になった地域の方に紹介した．地方
ならではのコンテンツを，改めて会社として見ていきたい.」
──インタビュー当時社会人3年目・都会の企業で勤務

「将来，結婚とかしたら地元に帰れなくなる．お世話になった地域には暮
らさなくても遊びに行けばいい．そういう複数の地域を行き来するモデル
ケースに自分がなればいいんだと思った.」
──インタビュー当時社会人1年目・出身地の企業で勤務

「地域で自分を支えてくれた大人は，地域起こし協力隊の人とか，海外か
ら来た人とか，外の世界を知っている人だった．地域に貢献するためには
外部に出ていく必要があるんだと思った．それで東京の会社に就職を決め
た.」
──インタビュー当時4年生・都会の企業に内定

「農業の研修をして，自然の偉大さ，大切さを知ることができた．食べ物
が健康にとってどれだけ大事なのか，東京で働いていた時に痛感できた．
これから，田舎の農業に貢献したいと思っている.」
──インタビュー当時休職中

　インタビュー対応してくれた卒業生・学生たちはまだ皆20代で若く，これ
から考え方の変化もあるだろう．しかし，若い人たちに，地方で暮らし働く可
能性を示すことで，彼らの人生の選択肢を増やすことができたことは垣間見え
る．
　もちろん，全ての人間が，関係人口として生きられるわけではない．お試し
移住にせよ，ワーケーションにせよ，二地域居住にせよ，そして大学に進学し
て地方でのフィールドワークをおこなうためには，当人にある程度の資産があ

り，健康であること，そして仕事・学業条件がそれを許すことが求められる．貧しい人，高齢者，障がいを持つ人，仕事・学業に制約があって生まれ育った都会から離れることができない人にとって，関係人口となることへのハードルは高い．移動資本の格差は，観光学の分野においてもつとに指摘されてきた（アーリ 2005）．関係人口を促進することで，関係人口になれる人となれない人の格差を拡大する可能性もある．

## 第4節　関係人口を増やすために必要なこと

　関係人口が注目を集めてきたのは，ただ地方の観光を推進することだけが目的ではない．2008 年から日本全体の人口減少が進んでおり，その一因として子育て環境が劣悪な東京都へ若年者が集中していることが挙げられていた．地方への移住促進のため，内閣府は 2017（平成 29）年に移住定住施策の優良事例集第 1 弾として 18 市町村，2022（令和 4）年に同第 2 弾として 20 市町村の事例を紹介している．それぞれ独自な取り組みを進めているのだが，このように移住者を獲得することに成功する自治体は全市町村のごく一部であり，東京都への人口集中の傾向は近年まで止まらない状態だった．ところが COVID-19 が国内で深刻化した 2020 年 4 月以降には転入数が減り，転出超過を示す月も出てくるようになった．年度の変わる 3 月には大幅な転入超過となるのだが，転出超過になる月もある．ポストコロナの現在，東京都への人口集中の傾向はまた回復しているのだが，コロナ期間中に関係人口として地方での生活を経験した人が，また地方へ拘り続ける機運になるかもしれない．

　地方の観光推進のためだけでなく，日本全体の人口減少対策も踏まえ，これからさまざまな人に対しての関係人口になることへの促進・補助が求められよう．コロナ・パンデミックのなかで，GoTo キャンペーンが展開された．利用した金額のキャッシュバックがおこなわれたが，その多くが高級旅館などの利用に使われたようである．観光業者を救済するという当初の目的からして，仕方が無かったのかもしれないが，これからは関係人口へのより充実した補助が求められるのではないだろうか．例えば地域おこし協力隊の拡充，ワーケーション施設の拡充，二地域居住者の促進，そして大学などで展開する地方でのフ

ィールドワークへの補助などである．関係人口へなることへの機会提供が，これからさまざまな形で展開することが，地方創生事業だけでなく，多様な人間関係の促進という観点からも求められる．

## 注

1）総務省「関係人口ポータルサイト」（https://www.soumu.go.jp/kankeijinkou/index.html，2024 年 3 月 13 日閲覧）．

2）認定 NPO 法人ふるさと移住回帰センター「2022 年度年次報告書」（https://www.furusatokaiki.net/wp/wp-content/uploads/2023/07/furusato_Annual-report-2022.pdf，2024 年 3 月 13 日閲覧）．

3）若桜町移住定住交流センターホームページ（http://www.town.wakasa.tottori.jp/iju_center/iju_index.html，2024 年 3 月 13 日閲覧）．

4）NTT データ経営研究所ホームページ「和歌山ワーケーションは業務生産性および心身健康の向上に寄与——在宅リモートワークとの比較——」（https://www.nttdata-strategy.com/newsrelease/210622.html，2024 年 3 月 13 日閲覧）．

5）国土交通省「地方振興　活力と魅力のある地域づくり　二地域居住」（https://www.mlit.go.jp/kokudoseisaku/chisei/kokudoseisaku_chisei_tk_000073.html，2024 年 3 月 13 日閲覧）．

6）同上．

7）一般社団法人不動産流通経営協会「複数拠点生活に関する基礎調査（概要版）」（https://www.frk.or.jp/suggestion/202007_fukusukyoten_kiso.pdf，2024 年 3 月 13 日閲覧）．

8）あわじ暮らし総合相談窓口ホームページ（https://awajigurashi.com/voice/，2024 年 3 月 13 日閲覧）．

## 参考文献

アーリ，J.（2005）『モビリティーズ——移動の社会学——』（吉原直樹・伊藤嘉高訳），作品社．

アーリ，J.，ラーセン，J.（2014）『観光のまなざし　第 3 版』（加太宏邦訳），法政大学出版局．

佐々木雅幸（2012）『創造都市への挑戦——産業と文化の息づく街へ——』岩波書店．

田中輝美（2021）『関係人口の社会学——人口減少時代の地域再生——』大阪大学出版会．

馬場未織（2014）『週末は田舎暮らし——ゼロからはじめた「二地域居住」奮闘記——』ダイヤモンド社．

堀内史朗（2020）『観光による課題解決——グローバリゼーションと人口減少による歪みを越える——』晃洋書房．

松下慶太（2019）『モバイルメディア時代の働き方——拡散するオフィス，集うノマドワーカー——』勁草書房．

# 第3章　近代建築物の活用とブライダル

石橋 仁美

## 第1節　近代建築物の商業利用

　幕末から明治時代の始めにかけて，欧米からさまざまな技術を導入するため多くの技術者が政府主導で日本に招かれた．建築技術において近代化という名のもと，ドイツやアメリカの設計者を招聘し技術を導入した．その後も多くの日本人建築家がそれを継承し，第二次世界大戦までの間に建てられた近代建築物が多く存在する．それは150年の時を経て，街の景観を形成してきた．ここではこの幕末から第二次世界大戦までを「近代」とし，本章では歴史的建地区物の中でこの19世紀後半から20世紀前半までの時代に建てられた建物を「近代建築物」とする．まちづくりの方向において，これらは，1990年代までの「スクラップアンドビルド」の風潮から，街の景観を形成する近代建築物を活用する方向に変容している．本章では，まずは，商業利用について事例をあげて検証する．

## 1．商業利用の始まり

　日本では，1950年の文化財保護法施行以降，歴史的建築物の「保護・保存」のために法律を整備してきた．1996年の「文化財保護法」改正とともに「登録有形文化財」が導入され，1998年「文化財登録制度」の創設，そして2004年に更に「文化財保護法」が改正され，「文化的景観」という概念が組み込まれ，同年「景観法」の施行，さらに2008年には「歴史まちづくり法」など法律が整備されるにつれて，保存対象となる建築物が増加してきた．そのため，文化財を総合的に把握し社会全体で文化財を継承していくシステムが必要となってき

た．さらに，国や，県，市の財政と保存対象物件数に不均衡が生まれ，保護・保存の視点に限界が生じてきている．そこで，近代建築物を活用することにより維持管理費を自ら生み出す商業利用の視点が必要となってきたのである．

「登録有形文化財制度」の創設により，それまでの重要文化財に課せられた厳格な規制から，現状変更の規制が緩やかになり，公的援助に対する障壁が低くなった．その結果，近代建築物を商業利用することが可能になった．

今でも多くの近代建築物が残されている大阪市中央区北浜地区周辺は，戦災の被害が少なく，高度成長期の乱開発も逃れた地域である．中でも，北浜レトロビルヂングは 1912 年に商社の本社ビルとして建てられたレンガ造りの建物で，1994 年まで使われていたがその後，廃ビルと化していた．このビルの保存に強い意欲を持った現所有者が，1997 年に明治時代の竣工時の雰囲気を再現した高級英国紅茶専門店として再生した．設えや調度品，装飾，カトラリーにも徹底的に竣工時にこだわり，イギリスにも渡航して蒐集した．同じく 1997 年には，国土の歴史的景観に寄与しているとして，登録有形文化財に認定された．その独自の雰囲気は SNS でも拡散され，現在は，本格的なイギリス式のティータイムが楽しめる店として人気を博し，2022 年現在もアフタヌーンティーは予約が困難な店となっている．そのままでは解体される運命にある近代建築物を，飲食・物販施設として転用・再生させるビジネスモデルを確立したいという所有者の強い意欲で活用を証明した事例である．

## 2．商業利用の事例

登録文化財制度は 1995 年の阪神淡路大震災がきっかけである．翌 1996 年には，文化庁により登録文化財制度が始まっている．その後 2017 年までには，登録数が 1 万件にも登った．その翌年である 2018 年 1 月には，兵庫県神戸市で記念イベントが開催されるに至った．まさに制度のきっかけは，震災の被災地である神戸市であり，そして兵庫県といえよう．兵庫県では，全国に先駆け地域に眠る歴史的文化遺産を発見し保存し，「活用し，まちづくりに生かす能力を持った人材」の育成のために，2001 年に「ひょうごヘリテージマネージャー養成講習会」を開講した．さらに兵庫県では，明治からの県政 150 年を迎えた 2018 年，文化庁の平成 30 年度文化遺産総合活用事業として「兵庫の近代歴

史遺産 150 マップ」を作成した.

　ここで本章では，商業利用の事例を，兵庫県が作成した「兵庫の近代歴史遺産 150 マップ[2)]」の中から取り上げる．本章では，①博物館・美術館，②展示資料館，③カフェ・レストランのそれぞれを，所在地，運営主体，収入源，利用者の平均単価，敷地面積の大小，付帯施設があるなし，利用者層観点から比較検討した.

## （1）博物館・美術館

　まず初めに，博物館・美術館に目を向ける．神戸市東灘区と隣接する芦屋市には，「阪神モダニズム」と呼ばれる，御影を中心とした特別な地域があった．そこには，「大大阪」を支えた大阪の富裕な企業家・実業家の邸宅が多く存在し，中には 2000 坪を超える邸宅も存在した．同時に神戸は，1871（明治 4）年に開港して以来，外国文化が流入し，旧居留地や北野町に外国人の住居が存在

表 3-1　博物館・美術館事例

| 名称・築年 | 所在地 | 運営 | 収入 | 平均単価（千円） | 敷地規模 | 庭園有無 | 利用者層 |
|---|---|---|---|---|---|---|---|
| 大石蔵「沢の鶴資料館」1717（享保 2）年 | 神戸市 | 民間（企業） | 入場料収入物販 | 0 | 中 | 有 | 中高年 |
| 旧村山家住宅「香雪美術館」1909（明治 42）年 | 神戸市 | 民間（公益財団） | 入場料収入物販 | 1 | 大 | 有 | 中高年 |
| ヨドコウ迎賓館1918（大正 7）年 | 神戸市 | 民間（企業） | 入場料収入物販 | 0.5 | 大 | 有 | 中高年 |
| 「白鶴美術館」1934（昭和 9）年 | 神戸市 | 民間（公益財団） | 入場料収入物販 | 1 | 大 | 有 | 中高年 |
| 旧山口家住宅「適翠美術館」1933（昭和 8）年 | 芦屋市 | 公（公益財団） | 入場料収入 | 1 | 大 | 有 | 中高年 |
| 旧関西学院大学チャペル「神戸文学館」1904（明治 37）年 | 神戸市 | 公（神戸市） | 入場料収入物販 | 0.2 | 小 | | 中高年 |
| 旧小寺家山荘「六甲山荘」1934（昭和 9）年 | 神戸市 | （関西学院大学→甲南女子大学）ナショナルトラスト方式で協会所有 | 入場料収入物販 | 1 | 小 | | 中高年 |

（出所）筆者作成.

し，西洋建築の邸宅が存在した．阪神間モダニズムといわれる地区には，その西洋建築と和風建築を融合させた建物も多くみられ，新しい生活文化圏を形成していく．同時に，教育機関や医療機関の設立と共に，美術品・工芸品などを蒐集した．邸宅としての庭園や建物はもちろん，それらの貴重な蒐集品を残すために，作られた博物館・美術館が多い．これらは企業や創業家が設立した財団法人により維持されている．

## （2）展示資料館

表3-1からわかる通り，美術館や博物館での活用は，財団や企業の力なくしては存続が厳しい．財団運営の美術館では，顧問に専門家を招き，勉強会をおこない，常に館内を説明できるスタッフを置いている．これらのスタッフは，この美術館を守り伝えるという気概が感じられ，このスタッフの存在は大きい．

対して，一部の市町村において展示資料館では，維持費が削減され，開館時間の短縮や開館日の減少がおこなわれ，さらには管理が行き届かず放置されているものも見られる．スタッフについてはボランティアの活動に頼らざるを得ない事例があり，ある資料館では受付をするアルバイトが常駐するだけで，建物についての知識教育がなされていない．歴史は設置しているパンフレットで

表3-2　展示資料館事例

| 名称・築年 | 所在地 | 運営 | 収入 | 平均単価（千円） | 敷地規模 | 庭園有無 | 利用者層 |
|---|---|---|---|---|---|---|---|
| 旧ハッサム邸（相楽園内） | 神戸市 | 神戸市 | 入場料収入 | 0.3 | 小 | | 中高年 |
| 旧岡方倶楽部「小物屋会館」1927（昭和2）年 | 神戸市 | 神戸市 2018年より　協議会 | 入場料無料 | 0 | 小 | | 中高年 |
| 旧奥平野浄水場「神戸市水の化学博物館」1917（大正6）年 | 神戸市 | 神戸市（水道局） | 入場料収入 | 0.1 | 大 | 有 | 中高年 |
| 旧木下家住宅（舞子公園内）1939（昭和16）年 | 神戸市 | 神戸市 | 入場料収入 | 0.1 | 小 | | 中高年 |
| 旧武藤家住宅（舞子公園内）1907（明治40）年 | 神戸市 | 神戸市 | 入場料収入 | 0.1 | 小 | | 中高年 |
| 移情閣（舞子公園内）1915（大正4）年 | 神戸市 | 神戸市 | 入場料収入 | 0.3 | 中 | | 中高年 |
| 旧ハンター邸（王子公園内）1907（明治40）年 | 神戸市 | 公（神戸市） | 入場料無料 | 0 | 小 | | 中高年 |

（出所）筆者作成．

伝えることとし，コンサート会場や貸会館として一般に活用を広げている．あるいは，岡方倶楽部のように，2018 年兵庫県有形文化財に指定されたあと，2022 年に市の歴史・公文書館になることが決まり，よみがえる兵庫の津連絡協議会が受託運営している．このように，展示資料館においては，県や市が管理・運営している事例が多く，県や市の財政状況に依存する．長期的な維持管理には，公共の支出だけに頼るのではなく，自身で利益を上げて維持補修費を捻出していく仕組みが必要である．

## （3）カフェ・レストラン

　カフェ・レストランとしてここに挙げているが，トゥーストゥースメゾン15（旧居留地 15 番館）とメゾン・ド・グラシアニは，貸会場として結婚式もおこなっている．

表 3-3　カフェ・レストラン事例

| 名称・築年 | 所在地 | 運営 | 収入 | 平均単価（千円） | 敷地規模 | 庭園有無 | 利用者層 |
|---|---|---|---|---|---|---|---|
| 旧アメリカ領事館「旧居留地 15 番館」1881（明治 14）年 | 神戸市 | 民間 | レストラン（ランチ・ディナー） | レストラン5〜15 結婚式4000 | 小 | | 女性 |
| 旧グラシアニ邸「メゾン・ド・グラシアニ」 | 神戸市 | 民間 | 2018 年からレストラン | レストラン10〜30 | 小 | | 中高年 |
| 旧教会「フロインドリーブ」 | 神戸市 | 民間 | カフェ | カフェ1〜5 | 小 | | 女性 |

（出所）筆者作成．

## 3．商業利用の活用効率の比較から見るブライダルの優位性

　表 3-4 からもわかるとおり，他の商業利用に比べ，ブライダルでの活用効率は高い．何よりもまず 1 人当たり単価が高い．料理に関しても，ブライダルに主軸を置き，平日はレストラン営業，そして土日はブライダル営業をおこなうとすると，ブライダルは完全に予約制であるため，食品ロスが少ない．また総量的に仕入れることによって，レストランの原価率を下げることができる．レストランやカフェだけの営業に比べ，利益率を上げることができると考えられる．ブライダル事業では，衣装や美容，写真・ビデオなど付帯収入も多く望める．

表 3-4　ブライダル事例

| 名称・築年 | 所在地 | 運営 | 収入 | 平均単価（千円） | 敷地規模 | 庭園有無 | 利用者層 |
|---|---|---|---|---|---|---|---|
| 旧小寺家「相楽園」明治1年頃から造営, 1934年 | 神戸市 | 民間クレ・ドゥ・レーブ | カフェ 2018年から結婚式・レストラン | レストラン 2〜15 結婚式 4000 | 大 | 有 | 中高年 |
| 旧西尾家住宅「須磨迎賓館」1919（大正8）年 | 神戸市 | 民間バリューマネジメント | 結婚式場・レストラン | レストラン 5〜30 結婚式 5000 | 大 | 有 | 女性 |
| ジェームス邸 1934（昭和9）年 | 神戸市 | 民間ノバレーゼ | 結婚式場・レストラン（ランチのみ） | レストラン 4〜30 結婚式 6000 | 大 | 有 | 女性 |
| 旧芦屋郵便局（逓信省）「芦屋モノリス」1929（昭和4）年 | 芦屋市 | 民間ノバレーゼ | 結婚式場・レストラン | レストラン 5〜30 結婚式 6000 | 中 | | 女性 |

（出所）筆者作成.

　このことは重要で，特に，街の風景の一角をなす，大きな街のランドスケープといえる建物ほど，マンション用地になる可能性が高いことが予想される．東京広尾の羽沢ガーデン（元実業家中村邸1915年築約3万坪，景観法を巡り裁判になったが2010年に取り壊され，マンション建設）や，神戸市内でも，須磨の室谷邸（ヴォーリズ設計，国重要文化財，2700坪，2007年解体），ジョネス邸（1919年築，2013年解体）などは，現在はマンションとなっている．

　兵庫県教育委員会事務局文化財によると，すでに今ある近代建築物の維持管理だけでも困難な部分があり民間委託の道を探っているという．実際，「兵庫の近代歴史遺産トップ150」に選出されたもののうち，神戸市だけでも，2022（令和4）年現在，舞子ホテルはマンション建設大手に売却され，更地になった．一方，神戸市の庭園であった相楽園は，運営は民間委託となりその姿を留めている．全国で一番ヘリテージマネージャーが多く活動している地域でも，このありようである．

　商業利用が進む中でも，建物の大小，歴史，希少価値だけではなく，街の景観を残すという点でも，ブライダル利用は1つの活路であることがわかる．

写真 3-1　須磨のジェームス邸
（出所）筆者撮影.

写真 3-2　西尾邸
（出所）筆者撮影.

## 第2節　近代建築物利活用を求めるブライダルの可能性

### 近代建築物での結婚式を選ぶのは──セグメンテーション分析
### （1）カップルの結婚式への意識の変化

　カップルの結婚式への意識は，2000 年以降変化し続けている．2000 年以前のホテルを中心とした結婚式では，カップルが主役であるといいながら，依然，親が介在する状態であった．

　しかし，2000 年以降ゲストハウスウエディングの台頭により，婚礼市場は大きく変化する．「アットホーム婚」（ゼクシィトレンド調査 2001）という言葉が生まれ，2000 年までの，挙式と披露宴を別と考え「挙式は親族のみで行い，披露宴に会社関係友人などを招く」という形式から，挙式とパーティが一体となり，勤務先関係は挙式披露宴に招待せず，友人と知人など，ゲストとカップルが「ともに祝う」という文化が生まれ，新たな社会関係が生じた．さらに，2011年に起きた東日本大震災での経験を経て，「絆」や「関係性」を重要視するカップルが増えた．カップルにとって結婚の定義が「人生の通過儀礼」から「ゲストに結婚したことを報告し披露する」ということに変わってくる．さらに「ともに祝う」から「大切な友人や家族にこれまでの感謝の気持ちを伝える」ということに主眼が置かれるようになる．つまり，カップルが自分たちのセンスで選んだ場所に，自分たちが思いを伝えたい人を招待する．住まいや仕事に縛られることなく，すべてカップルの「特別な場所」で結婚式がおこなわれる．

## （2）結婚式の意味の変化

　その中で，徐々に挙式比率を上げているのが，人前式である．戦後から1970年代まで主流だった神前式では，式には親族だけを招いた．ほとんどのカップルは神社もしくは神社から分祀された「神」の前で，誓詞を読み上げ，そしてカップルは三献の儀で夫婦の契りを結ぶ．そこには両家両親，親親族への感謝と，両家の結びつきの意味も込められた誓いの儀式であった．

　その後，1980年代には，芸能人の結婚式の影響でキリスト教式が主流となる．チャペルでの結婚式は，親族だけではなく友人知人も参列することができるため，式から全員を招待する．「神に誓う」という厳粛な側面も保たれつつ，華やかな式は「一生一度の人生の主役」になれるという「花嫁主導」の結婚式となる．結婚式は，次第に「誓いの場」から「お披露目の場」に変化していく．

　ところが，1980年代にはまだあまり知られていなかったこの人前式という結婚式のスタイルは，実は明治以前の日本で多くおこなわれていた日本古来の結婚式のスタイルである．そこで，2010年代には，チャペルという華やかなハードに魅力を感じ，信者ではないことに疑問を感じながらおこなうキリスト教式ではなく，大切な家族や友人などの参列者に，お互いを紹介し大切な人々の前で結婚を誓い，祝福される人前式というスタイルが人気を集めてきた．

## （3）結婚式に求めるものの変化

　さらに，この新型コロナウイルス感染症が，なかなか終息を迎えることがなく，「withコロナ」を見据えるようになった今，カップルが結婚式やパーティに求めるものも変化してきた．ホテルや華やかなハウスウエディングではないもう1つの選択肢，それは，長い歴史の中で培われてきた近代建築物という「変わらないもの」における体験が着目されるようになってきていることである．多くの招待客を招き，密になる結婚式が困難になった時ではあっても，逆にこんな時だからこそ結婚式をしたいというカップルが選んだのは，オープンエアであり，庭園であり，そして変わらないこれからも存在し続けてくれるであろう近代建築物であった．今まで多くの人が挙げてきた「結婚式場」ではなく，こだわりの場所や人とは違う特別な場所で，家族や限られた友人だけを招き，大切な時を過ごすことを選ぶカップルを中心に着目され出したのである．

2020 年新型コロナウイルス感染症以降結婚式をおこなった 9 割以上の人が人生の節目である結婚に際して「結婚式を行ってよかった」「2 人の絆が深まった」「列席者から 2 人が応援されていると感じた」と回答している（ゼクシィトレンド調査 2022）。コロナ禍における影響は受けながらも，親や親族に背中を押されて結婚式を挙げたカップルは，披露宴に派手な演出は求めず，家族や親族，友人などの出席者との心理的な距離を縮める工夫をしている。このような絆やつながりを重要視するカップルが選ぶ会場の 1 つとして近代建築物の存在がある。

このように，2013 年以降，東日本大震災の影響や多様な価値観の広がりにより，カップルの結婚式に求めるものが，「絆」や「つながり」を確かめ合うことに重点が置かれている。結婚情報誌が 2017 年のコピーで「結婚しなくても幸せな時代」と言い切り，結婚しない人も含めて結婚式の良さを訴求するときに，カップルの選択肢の 1 つとして，ブライダル業界にとっても 1950 年代から始まった専門式場，1980 年代からのホテルの需要，2000 年代からのハウスウエディングとは違う価値を提供できる場としての，近代建築物を使ったブライダルの価値が高まってきた。多くの場合，結婚式会場となっている近代建築物は，街の中心地から少し離れた場所に，街の景観として存在する。庭園があり，開放感があり，貸し切りができる。これもコロナ禍における近代建築物が選ばれる理由の 1 つである。

## （4）カップルのセグメンテーション分析

では，どんなカップルが近代建築物での結婚式を上げるのか。実際に結婚式をした事例を 2 つ挙げてみる。

1 例目は 32 歳と 29 歳のカップルで，男性は東京出身，結婚式関連の仕事についており，結婚式の内情には詳しい。女性は大阪在住の会社員，「庭園」「オープンエア」をキーワードにインスタやインターネットで探していた。東京の家族や親族，友人を招くことを念頭に，大阪の庭園を持つ会場に決めかけたとき，検討地域から離れていたが，神戸市須磨区のジェームス邸（市指定有形文化財）に立ち寄り，その庭園から大きく広がる目の前の海に魅せられ，男性は東京から友人を招くことを諦め，女性も友人を限定し，ここを選んだという。ジ

ェームス氏がこのあたり一帯を外国人用の宅地としたとき，その一等地に建て
た邸宅である．源氏物語に登場する須磨の海が一望できるこの建物の持つ世界
観，地域の宝にこのカップルは魅せられた．

　2組目は，27歳同士のカップルで，男性は大阪出身，女性は滋賀出身．ふた
りとも派手なことはしたくない．家族親族に紹介する場として探していたとこ
ろ，京都のパビリオンコート（国登録有形文化財）での結婚式を決めた．建物の魅
力や世界観はもとより，「万人受けすることは求めない．この価値観をわかっ
ていただければ嬉しい」という担当者の言葉に感銘を受けたという．飾らない
古きよきものが大切に使われている式場がふたりの希望と合致した．

　このような傾向をさらに広く見てみよう．2000年からの20年間の結婚情報
誌ゼクシィの分析，ジェームス邸と，西尾邸で結婚式をした400事例と2014
年から流通科学大学で取り組んだ模擬挙式の傾向をもとにカップル，特に女性
に着目すると，4つのセグメントがみられる．

　1つ目のセグメントは，今でも大学生を中心に圧倒的に人気がある，「ピン
ク」「フリル」「可愛い」ドレスのプリンセスラインの「姫」スタイルである．ディ
ズニーのプリンセスのイメージで，音楽もディズニープリンセスから選ぶ．

　2つ目のセグメントは，「ゴージャス」である．ホテルや大聖堂でミカドシル
クを使ったAラインの美しいシルエットを好み，花やアクセサリーも高価格
の者を選ぶ人気のスタイルである．

　3つ目のセグメントは，「カジュアル」である．友達も参加し，一緒にわいわ
い楽しむことに重きを置くスタイル．それは趣味の集まりや団体の仲間たちが
設定し，カップルとともに結婚式を創るスタイルである．ドレスもこだわりが
なく，セカンドショップで購入することも厭わない．招待客と一緒にどれだけ
楽しい時間が共有できるかを大切にする．

　そして，4つ目のセグメントは，最近学生にも人気を集めている「大人クラ
シック」である．ドレスや装飾はシンプルだがこだわりがあり，品質の良いも
のを選ぶ．挙式披露宴に関してもシンプルに挨拶程度，あとは上質な空間で料
理と会話を楽しむ．この「大人クラシック」的なカップルは，結婚式を挙げる
本質にこだわり，伝統を重んじる．そして家族に喜んでもらうことが第一で，
可能であれば貸し切り感を望む．この4つ目の自分の価値観をしっかりと持っ

て好きなものに拘る層が，近代建築物を結婚式の会場に選ぶのである．

　この傾向は，ジェームス邸・西尾邸を選んだカップル400組の口コミサイトの分析からも明らかである．「これまで関わってくれた家族，親族，友人に感謝を伝える」「派手な演出ではなく，心の交流」「特別な場所で，日常の延長線上の非日常」「貸し切り」「大切な人たちとの特別な空間」というワードが並ぶ．結婚式という1つの節目において「今までの人生を振り返り，たくさんの人に支えられてきたことに気づき，感謝をする場」という捉え方で，近代建築物が選ばれてきた．近代建築物を利用したブライダル施設は，このコロナ禍で改めて気づいた結婚式の価値を提供する場として，カップルに選択肢をあたえた．それに伴い近代建築物を使用したブライダル会場が増えてきたことがわかる．

　このように，新型コロナウイルス感染症という禍が，結婚式の価値を再考する機会となり，ブライダルにおける新しい価値が生み出され，さらにブライダル利用されることによって結果として近代建築物も保存されている．カップルにとっては一生の思い出の場所にここを選んだと自分のセンスを周りに認めてもらう価値も見出すことが出来る．

　大学の授業の中の学生が提案する結婚式のプランでも，2021年，2022年は，プリンセスラインやベルラインのドレスではなく，ストレートなラインのドレスを選択し，家族を大切にし，友人たちと過ごす時間を大切にする提案が多かった．選ぶ画像は，2014年頃の学生の選択するものより落ち着いたトーンで，ドレスもマーメイドラインや長袖の普通のワンピースのような，大人びた落ち着いた印象のドレスであった．挙式の中でも，サンドセレモニーやお水合せなど違う環境（家庭）で育った2人が新しく1つの家族になるという儀式を選んだ．2年前までは，参列者が参加するものが多かったが，家族を中心にしている．まだまだ結婚年齢には遠い，まだまだ幼いと思っていた10代の学生たちが，「式」の大切さに基づいて選択している．彼女たちが引用してくる画像はインスタグラムの情報が多い．それだけインスタグラムの中でも掲載数が多いということがうかがえる．また，2022年「理想の結婚式」としてパワーポイントによるプレゼンテーションをさせたときにも，一瞬で変わる世の中を体験した学生が，少人数での食事会を中心に，変わらぬ価値のあるものとして，近代建築物を選ぶ傾向が見られた．

## 第**3**節　ま　と　め
### ──地域まちづくりにおける近代建築利活用とブライダル

　近代建築物を利用したブライダルの価値としては，幅広い年齢・嗜好を超え
た集客力がある．多くの観光地は顧客の嗜好に合わせて訪れることが多い．そ
の土地の何に魅力を感じるかは個々に違う．また，同種の嗜好を持つものがそ
の観光地を訪れる．最近では，同じ嗜好の SNS のグループが，面識の有無にか
かわらず交流することも多い．

　しかし，ブライダルの場合，カップルという他人の基準で選ばれた都市や地
域に招かれる．結婚式という契機がなければ関心を持たなかった地域である可
能性も否定できない．個人的には興味関心のない街に招待され，カップルの選
んだ近代建築物を活用した結婚披露宴会場を訪れる．それらの人たちの多くが，
招待という半ば強制的手段によって近代建築物に足を踏み入れることにより，
自分たちでは気づかなかった，もしくは見つけることができなかった価値を感
じることも考えられる．次は自分の大切な人と訪れたい，ここで人生の記念の
お祝いをしたい，親や子どもや友人とこの空間で時間を過ごしたいと感じた
人々の間で，近代建築物でのブライダルの価値が引き継がれていく．一組の結
婚式で，カップルを含む参加者全員すなわち一組平均 43.2 名[5]が次の地域への
顧客を呼ぶ契機となり，新しい地域の価値の創造へつながっていく．それは，
遠い地でなくても，街の景観として見た記憶がある場所や耳にしたことがある
が行ったことのない，地元の場所の価値を再確認し，自身の住んでいる地域に
対する新しい価値創造の端緒となる．

　これまで守られてきた美しい建物とともに，これからの結婚生活も見守られ
ていく．そんなブライダルの新しい価値として選ばれることによって，運営側
も地域の景観や財産を守ることに貢献するというプライドを持つことが出来る．
地域社会にとっては，地域の1つの景観として地域の財産を守り，シビックプ
ライドを保つことができるという価値がある．さらに，近代建築物が活用され
ることにより，雇用を生み出し，地元の住民と共生していくことも期待できる．

　ある日突然，日々親しんできた建物がなくなる．それが街にも日本にも大き

な財産の喪失につながることを我々は感じてきた．当然ながら，後世に残し活用するためには，今の建築基準法に則った安全が担保されなければならない．しかし，各地で近代建築物の保存が厳しくなっている中，地域の財産にすることによって地域の観光の基盤となり創造していくことを期待する．そして，そこに価値を見つけたカップルが結婚式を上げ，結婚式の前に家族と何かをその土地で体験する，結婚式の後も両家が記念日で活用していく．

　2023年後半，結婚式は回復してきた．新型コロナウイルス感染症をきっかけに，結婚式のありかたや意義が問い直された．カップルにとって「真に大切なもの」「感謝」のキーワードが多くなった今，近代建築物を活用したブライダルの可能性は，ますます広がっている．最近では小規模な近代建築物も結婚式を執りおこなうようになり，両家家族を中心とした結婚式ができるようになった．

　これからの結婚式は，特別な一日ではあるものの，日常の延長線上の，「人生の大切な一日」として執りおこなわれ，役所への入籍届だけですますのではなく，ふたりを応援する人への感謝の日として広くおこなわれていくことを期待する．そして10年後も25年後も50年後もそこにあり続けるであろう変わらぬ価値を提供する近代建築物がブライダルに活用され街の景観も守られていくことが，近代建築物におけるブライダルの可能性だと考える．

## 注

1）文化庁ホームページ（https://www.bunka.go.jp/，2022年6月1日閲覧）．
2）兵庫教育委員会ホームページ「今こそ巡りたい！兵庫の近代歴史遺産150マップ」（https://www.hyogo-c.ed.jp，2022年6月1日閲覧）．
3）「ゼクシィトレンド調査2001」（編集）発行：ゼクシィ結婚トレンド調査：リクルートB & Division　ブライダルメディアプロデュース部マーケティング企画グループ調査担当（リクルートゼクシィ事業部企画グループ調査担当2001年）．
4）「ゼクシィトレンド調査2022」（プレスリリース）（https://www.recruit.co.jp/newsroom/pressrelease/assets/20221026_marriage_02.pdf，2023年1月13日閲覧）．
5）「ゼクシィトレンド調査2022」（https://souken.zexy.net/data/trend2022/XY_MT22_report_06shutoken.pdf，2024年3月15日閲覧）．

## 参考文献
〈邦文献〉
後藤治（2008）『都市の記憶を失う前に』白揚社．

辻雅之（2014）「登録文化財を活用した地域拠点形成と歴史まちづくり」『創造都市研究ｅ』
　　（大阪市立大学），9(1)（https://e-journal.gsum.osaka-cu.ac.jp/ejcc/article/view/701/
　　662，2024年3月13日閲覧）．
「阪神間モダニズム展」実行委員会（1997）『阪神間モダニズム──六甲山麓に花開いた文
　　化，明治末期─昭和15年の軌跡──』淡交社．
光井渉（2021）『日本の歴史的建造物』中央公論新社（中公新書）．

〈雑誌〉
リクルート（1995年から2022年12月号まで）『関西ゼクシィ創刊号（1995年）』から『ゼ
　　クシィ関西2022年12月号』まで．

# 第Ⅱ部

## ニューツーリズムの時代

# 第4章 ネイチャーツーリズム

前田 武彦

　2020 年に始まった未曽有のコロナ禍は社会生活のさまざまな局面に大きな変化をもたらした．とりわけ観光産業への影響は大きく，私たちは確実に，旧来の観光のありかたに変わる新しい観光の考えや取り組みのもと，ウィズコロナやアフターコロナにふさわしい観光のありかたを模索し始めている．

　この章では，そのような新しい観光のありかたをめぐってあらためて見直されることが多くなった，「自然」に着目する．近代観光の誕生のあと，観光のありかたが時代とともにどのように変化し，どのような背景のもとで新しい観光のかたちが生まれたか，そこからどのように「自然」をめぐる観光が誕生したのか，その社会的背景や事情，コロナ禍との関連などを踏まえて，ニューツーリズムにおける自然について考察していきたい．

## 第1節　近代観光の誕生と発展

### 1．マスツーリズムの登場と発展

　いま私たちが観光と呼んでいる社会現象は，ふつう近代観光を指している．近代観光の本質はマスツーリズム，すなわち，大衆のための観光であり，お金さえ出せば誰でも旅行ができる，ということを意味している．それは，今から1 世紀半ほど前の 19 世紀なかごろ，英国を中心とするヨーロッパで起こり，世界じゅうに拡大していったとされる．近代観光とは，それまでの貴族や超富裕層など，社会の限られた特権層だけが楽しむ旅行に代わって，勤労大衆が，日々の仕事や日常生活でのさまざまな束縛から解放されて気持ちをリフレッシュさせ，あらためて日常の仕事や生活に戻ってそれらに取り組んでいくための，ある種のエネルギー源としての意味をもつ旅行であった．

そのような近代観光が誕生した社会的な背景としては,

① 鉄道を中心とする交通機関が発達したこと
② 健全な娯楽を求める社会の風潮が生まれつつあったこと
③ 休日制度などの新しい働き方が確立されつつあったこと
④ 旅行産業をはじめとする観光関連の新業種が誕生したこと

などが指摘されている（前田 1995：1996）.

　近代観光は, 産業革命後の社会全体のさまざまな変革のあと, 新しく生まれつつある社会の到来に連動してもたらされたものであった.

　そうした近代観光は, 日々の仕事に励む, ふつうの一般庶民が, その職業や地位や思想や宗教や出自を問われずに享受し経験できる娯楽として, 大量性と平等性という基本理念のもとに拡大する.

　とりわけ, 宿泊・食事・観光・交通があらかじめ一括して予約・手配されているパッケージ・ツアーの隆盛は, 団体旅行の発達に結びつき, 世界規模での戦争の終焉とも相まって, 20世紀の後半, 近代観光は爆発的な拡大を引き起こすことになる. その結果, 現代の観光は, 旅行目的地の広域化と移動距離の拡大による地球規模化が進み, また, 旅行のより一層の大衆化にともなって, 旅行形態・内容・目的・体験など, あらゆる局面での多様化が進むことになった.

　その社会的背景には, 旅客機の大型化に象徴される, 航空機などの交通・輸送機関の飛躍的な発達があった. さらに, 手荷物の預かり・搬送サービス, クレジットカードの普及, 旅行クーポンやチケット発券の簡素化など, IT技術の進歩に裏打ちされた旅行関連サービスの発展が, その拡大を支えていた（前田 2002）.

## ２．バブル以後の観光の登場

　日本が1980年代後半から1990年代初めにかけて, いわゆるバブル経済期と呼ばれた時期, 観光旅行の分野においても, バブル景気的な現象が相次いでいた. それは一言でいうなら, 数の論理の優先であった.

　ところが, 1990年代中ごろ以後, バブル経済の崩壊にともない, 観光の分野にも大きな変化がみえるようになった. その基本的な方向性は, バブル経済期

観光の反省と否定，ということであった．

　そもそもバブル経済期の観光は，集約的に述べると次のようになる．観光地や施設は，大量集客の時代に即応するように，拡大化と大規模化を追求し，結果的に観光サービスや接客体制の画一化や均一化をもたらして，個性の見えにくい観光地を形成し，そのうえ各施設による観光客の囲い込みが，地域特性を活かした魅力あるまちづくりという考えを無縁にしていた，ということだ．

　そこで，そのようなバブル経済期観光の反省にたってこころみられるようになった観光というのは，

① 施設自体を拡大させるよりも，施設の内容を多様化させたり，内容にテーマ性をもたせることで深化させる
② 観光客ひとりひとりのニーズや事情に応じた，きめの細かいサービスの提供や接客体制をめざす
③ 観光地自体のテーマ性や施設のテーマ性を明確にする
④ 観光客が特定の施設のみにとどまることのないよう，地域特性を活かした観光地全体としてのまちづくりを模索する

という戦略的方向性にたつようになったのである．

　こうした方向性はその後も長く続くこととなった．2001年9月のニューヨーク同時多発テロ，2011年3月の東日本大震災など，社会に甚大な影響をもたらしたいくつかの衝撃的な出来事によって，観光の拡大が一時的に停滞することはあったものの，その影響が，日本の観光全体に長く及ぶことはなく，またそれによって方向性そのものが大きく変化する，ということもなかったのである．

## 3．ニューツーリズムの登場

　日本がバブル期以後の新しい観光へと変貌しつつある時期，一方で，世界の観光は世紀末からミレニアム・イヤーをへて，21世紀の新しい観光に移行しつつあった．ちょうどそれは，産業革命後の英国で芽生えた近代観光が，1世紀半をへて，さまざまな問題と限界をかかえ，新時代の観光へと生まれ変わろうとする時期と，交差していたのかもしれない．

　そのようななかで，しばしば，新しい観光のかたちとして言及されるようになったのが，オールタナティブツーリズム（代替的観光）とか，次世代型観光とか，ニューツーリズムという言説である[1].

　とりわけ日本の場合，観光庁の主導などもあって，観光庁設置（2008 年）前後ごろからニューツーリズムという用語が使用されるようになった．ニューツーリズムの明確な定義というものはいまだ定着していないが，観光庁では，テーマ性が強く，体験型・交流型の要素を取り入れた地域密着型の新しい旅行と，そうした旅行商品の創出・流通を包括した旅行システム全体をさすものと定義しているようだ（観光庁 2010）.

　こうしたニューツーリズムには，観光庁の示唆もあって，産業観光，エコツーリズム，グリーンツーリズム，ヘルスツーリズム，ロングステイ，文化観光等があげられるが，そのほかにも，エスニックツーリズム，秘境観光，アドベンチャーツーリズム，酒ツーリズム，コミュニティ依拠型ツーリズム（CBT）など，多彩な種類の観光形態が生み出され，世界各地で実践されるようになった.

## 第2節　自然環境を指向する観光へ

### 1．環境への意識づけ

　21 世紀に入ってからの現代観光は，ニューツーリズムの登場に象徴されるように，形態もコンテンツも多様化して，観光のさまざまな局面での選択肢が増加している.

　そして，その大きな潮流の 1 つといっていいのが，自然環境と人間との関わり，ということである.

　一般に，地球温暖化や酸性雨，熱帯林の減少など，地球規模化した環境破壊現象を一括して地球環境問題と呼ぶが，とくに 1980 年代後半以後，この問題は国際的に大きな関心が払われるようになった（中島 1997）.

　国際社会において環境破壊の解決や防止がさまざまなかたちで考えられると同時に，国民の生活や意識のレベルにおいても，環境という言葉は，時代を読み解くキーワードの 1 つとして定着していった.

　観光の分野においても，そうした環境問題への関心から，環境と調和的におこなうエコツーリズムに強い関心が払われるようになった．エコツーリズムの推進は，観光という娯楽を通して，人々に身近なところからの環境問題に触れさせ，考えさせ，ひいては人々の環境活動への支援や取り組みなどにつながらせると考えられているからである<sup>2)</sup>．

　そして注目すべきは，こうした環境への関心や意識づけは，やがて，持続可能性（sustainability）という概念と結びつき，同時に人々の健康志向へと発展していった点である．2000年代初めにはロハス（LOHAS：Lifestyles of Health and Sustainability）という言葉が流行し，またその流れは，現在のSDGsの流行にもつながっていると思われる．

## 2．コロナ禍での社会生活

　本来，観光とは，自然環境と社会環境を資源として成立する現象である（前田 2019：261）．したがって「自然」は有力な観光資源の1つである．しかし，この「自然」という観光資源が，他の観光資源から突出して注目されることになる事態が起きた．――コロナ禍である．

　日本では2020年に始まる，この未知で，謎の多い，目に見えないウィルスへの恐怖は，人々の生活を根源的に変貌させた．感染防止のために推奨される密閉・密集・密接の回避は，人々の社会的なつながりを断ち切ることを余儀なくさせた．しかもコロナ禍は，世界中の国々，日本中の全地域に，例外なく大きな影響をあたえることになった．

　人々は社会生活のなかにありながら，できるだけ直接的な対人間の交流を避けようとし，仕事や教育や果ては医療にいたるまで，生活のあらゆる局面で，ICT技術を導入した遠隔的な交流や，間接的な対人間の交わりが常態化するようになった．

　人と人との直接的な接触やつながりがこの病気の感染を高める，という認識の定着が，人々の生活から次第に人を遠ざけ，「おひとりさま」「ぼっち」「ソロ」と称される行動や生活様式が，人々のつよい関心をあつめ，また尊重されるようになった．そして，感染リスクを高めるとされる「密閉・密集・密接」（いわゆる三密）を回避するため，それに対抗するかたちで，「開放的な空間で，

人々の密度が低く, 人と人との距離が十分に保持できる」状況や場所に人々の
関心があつまっている.

## 3. コロナ禍での観光

　こうした社会の状況は, 当然, 旅行の楽しみ方に対しても, 大きな影響をあ
たえることになった. 海外旅行はこれまで経験のないほどに激減し, 国内旅行
においても, 人の密集や密接を避ける意味から, パッケージ・ツアーなどの団
体旅行は徹底的に回避されるようになり, 観光旅行は, 個人客やせいぜい家族
単位ほどの, 小グループによるものが中心となった. 旧来のように, 観光地を
周遊して, 多くの観光客がにぎわいのなかで町あるきをのんびり楽しむ, とい
う行動様式は極力回避されるようになった.

　観光客はとにかく人混みを避けたいし, また, できるだけ人のいるスポット
での滞在時間は短くしたい. そのためには, 人混みのスポットで漫然と観光ガ
イドブックや観光案内を読みながら, 魅力のある観光素材を探したり, お店探
しをすることも避けたい.

　自分たちの行きたい場所, 魅力ある観光素材, 手に入れたいモノのあるお店,
そういうものの情報を, 瞬時に検索してササッと確認していける, インスタグ
ラムやツイッター (現 X) など, 多機能化している現代の SNS を駆使して旅行
情報を取り込み, 求める観光行動をして要求を満たしたら, さっとその場を立
ち去る. とにかく, 人のいる場所では, そこにいる時間をできるだけ短くする
行動様式が好まれるようになり, 旅は何か新しい発見を見つけて楽しむ, とい
う価値観にも増して, 旅の経験者や知っている人から SNS を通して情報を受
け取り, それを自分で確認・体験することで情報内容を共有して満足する, と
いう価値観をもつ人が増えている.

　こうして, 従来の観光地が理想としたにぎわいの創出という考えは, コロナ
禍では感染を高めるリスク要因として避けられつつあった. あまり多くの人が
来ない, こじんまりした施設や, 人との接触を避けられる, 隠れ家のような施
設が見直され, 例えば秘湯や露天風呂付き客室のように, 人との交わりを避け
てそれぞれの楽しみが個室・小単位で実行できることに, 人気があつまってい
る.

　このようなコロナ禍での観光で，とくに人々のあいだで注目されるようになったのが「自然（Nature）」である．

## 4．ネイチャーツーリズムの登場

　本節 1．で述べたように，そもそも自然環境への関心は，現代観光の潮流の 1 つである．とりわけニューツーリズムの 1 つとして分類され言及されることが多い観光形態には，自然というものを観光の枠組みのなかに取り込み，何らかのかたちで活かそうとする自然指向性が，色濃く反映されたものが多い．

　自然を直接的な観光対象と考えて，そのような自然環境に親しむための観光であるエコツーリズムはもちろんのこと，その他にも，グリーンツーリズム，アドベンチャーツーリズム，秘境観光などにおいて，自然を直接的あるいは間接的な観光対象と考えたり，自然のなかでの体験や交流を目的とするなど，自然はこれらのニューツーリズムにおいて，きわめて重要な要素となっている．

　そのような，ニューツーリズムにもともと内包されていた「自然」という要素への指向性が，コロナ禍で回避せざるを得なくなった三密の代償としての自然環境下の観光へのニーズと結びつき，観光における自然という要素の価値をこのうえなく高めることになった．そのような背景をもつ観光は，自然環境のもとで展開される観光という意味において，ネイチャーツーリズムと呼べるだろう．それは，エコツーリズムやグリーンツーリズム，さらには，ある種のアドベンチャーツーリズムや秘境観光までをも包摂できるような，自然を観光資源とする，あらゆる観光形態を指している概念と考えることができよう．

## 第**3**節　アフターコロナのネイチャーツーリズムとは

## 1．ネイチャーツーリズムの分類

　このネイチャーツーリズムは自然環境のもとで展開される観光全般を指し，包摂される観光形態も多いため，類似したそれぞれの観光について，ここで簡単に概念の整理をしておきたい[3]．

　　① ネイチャーツーリズム……自然を観光資源とする観光全般．

② エコツーリズム……広義の環境（自然環境および社会環境）と調和的にお
　こなう観光．観光客が自然環境にあたえる影響を最小限にとどめなが
　ら，観光客自身が環境への理解を深めて，自然保護の意識を高めること
　が期待されている観光．

③ グリーンツーリズム……農林水産業と観光を融合させた，農山漁村型
　の観光．おもに都市住民を対象に，地方の農山漁村などで展開される，
　農林水産業をさまざまなかたちで観光振興に利活用した観光．

④ アドベンチャーツーリズム……自然環境下で何らかのスリルある体験
　をともなう観光．インストラクターに従いながら，自然の地形に応じ
　て，特別の装備や運動が必要となることもある，興奮感覚をともなう野
　外での活動体験を目的とする観光．

⑤ 秘境観光……エコツーリズムとエスニックツーリズムが融合し尖鋭化
　した観光．過酷で雄大な大自然を直接の対象としたり，または，異文
　化・異民族の生活習俗を対象としつつ，その地域を包括する自然・文
　化的生態系全体を対象とする観光．

写真 4-1　エコツーリズムの例：
　　　　　エコツアーのガイド
　　　　　と観光客（コスタリカ）
（出所）筆者撮影.

写真 4-2　秘境観光の例：ギア
　　　　　ナ高地（ベネズエラ）
（出所）筆者撮影.

　これらの分類は決して確定したものではなく，また定着したものとはいえないが，自然を観光資源とする観光全般の考察それ自体がまだ少ない現状であるため，とりあえずの理解として提起しておくことにする（**写真4-1**および**写真4-2**）．

## 2．ネイチャー・リゾートの登場

　こうしたネイチャーツーリズムのなかでも，コロナ禍の日本で特に注目されるようになったのが，リゾート型のネイチャーツーリズムである．

　コロナ禍の社会では，見えないウィルスへの恐怖，慣れない生活様式や仕事上の新しい様式，希薄になった人と人とのつながり，こうしたことが，人々の肉体や精神にストレスを生み出していた．

　そのような状況でアドベンチャーツーリズムや秘境観光などへのニーズが高まることは考えにくい．それらの観光は，つねにある種の危険やスリル，予測不可能性がともなうからだ．コロナ禍で疲弊した人々が観光に求めるものは，さらにストレスを増やすような何らかのリスクではなくて，むしろ，コロナ禍での日常生活の緊張とストレスを「ほっこり」と癒してくれる，安らぎであろう．

　そうした意味で，自然のなかで安心して滞在できるリゾートが求められるのは当然の流れともいえよう．人混みを避けたい，できるだけ少人数だけで過ごしたい，快適でストレスのない滞在を楽しみたい，自然のなかでの解放感と安らぎを味わいたい……こうした願いのすべてを実現しようとする帰結が，自然のなかでのリゾート，いわば自然との共存をテーマとする，ネイチャー・リゾートなのである．

## 3．グランピングの展開

　そうした，自然との共存をテーマとするリゾートとして，いま注目されつつあるものの1つがグランピングである．

　グランピングとは glamourous（魅惑的な）と camping を組み合わせた造語とされ，日本グランピング協会によれば，この言葉自体は2005年に英国で生まれたとされる[4]．日本で普及し始めたのは2015年ごろからと言われるが，広く

**写真 4-3　中央アジア遊牧民のテント・ユルタ（キルギス）**
（出所）筆者撮影.

人々のあいだに知られるようになったのは間違いなくコロナ禍によるであろう.
それは，リゾートホテル並みの行き届いた設備やサービスを満たして快適に楽
しめるキャンプ，というような意味で使用されている.

　実際に日本でグランピングとして展開されているものは，現段階では浸透し
始めた導入期ということもあって，さまざまな種類に及んでいるようだ．従来
よりも大きく丈夫なキャンプ用のテントや，中央アジアなどの遊牧民の移動式
住居であるテント（パオ，ゲル，ユルタなど）を模したものを使用したりするほか，
トレーラーハウスを利用したり，完全なコテージ型の建物を利用するものもあ
る（**写真 4-3**）．宿泊場所あるいはその近辺には電気やエアコンやトイレやシャ
ワールーム等も完備され食事も提供されて，快適に寝泊まりができるうえ，共
通しているのは，いずれも自然のなかで展開されて，利用客がつねに自然を背
景とし，つねに自然の良い面を意識しながら滞在体験ができる点である.

## 4．ネイチャー・リゾートの海外事例

　グランピングに限らず，自然との共存をテーマとするネイチャー・リゾート
は，実のところ，日本よりも先に，以前から世界各地で展開されている．そこ
で，こうした自然との共存をテーマとするリゾートについて，これまで展開さ
れている海外の2つの事例を紹介しておきたい.

### 事例1　チュニジアの砂漠リゾート

　北アフリカのチュニジアは，地中海沿岸部に，対岸のヨーロッパから多くの観光客を集めるリゾート地が点在する．一方で，内陸部の砂漠地帯にも，オアシス都市部などを中心にして，いくつかのリゾートをもつ．内陸部はサハラ砂漠という圧倒的な大自然に囲まれているため秘境的要素をもつが，実際には温泉が湧出するオアシスなどもあり，ネイチャー・リゾートとしての性格もつよい．

　砂漠地帯には，おもに外国人観光客向けに，あたかも砂漠の蜃気楼のような，プールのある高級リゾートホテルも建設されているが，しかし，よりサハラ砂漠という大自然を観光客が堪能でき，しかも快適に過ごすための施設として，グランピングのようなキャンプリゾートが日本よりも早くに整備されて，浸透している．

　そこでは通常，砂嵐を避けるため，周囲に防風林を植樹したキャンプ地が整備され，ホテルの部屋としてのテントが設営されており，観光客の一組一組ごとに，1つのテントがホテルの部屋として割り当てられる．テントといっても遊牧民の移動式住居とは根本的に異なり，永続的に設営されたテントであって，あくまでも大自然に囲まれながら快適に過ごすための砂漠の高級ホテルの感覚に近い．テントの内部にはベッドや簡単な家具はもちろんのこと，オアシスか

**写真 4-4　サハラ砂漠**

（出所）筆者撮影．

写真 4-5 サハラ砂漠のテント・ホテル（チュニジア）
（出所）筆者撮影.

写真 4-6 テント・ホテルの内部（テント内の左壁の向こう
側には，温泉水を利用したシャワーや水洗トイレが完
備している）
（出所）筆者撮影.

らの水や温泉水を利用したシャワーや水洗トイレなども設置されている（写真
4-4，写真 4-5 および写真 4-6）.

**写真4-7　ジェフリー・バワ設計のホテルの1つ（スリランカ）**
（出所）筆者撮影.

**写真4-8　ホテルのインフィニティ・プール**（背景の湖と視覚
　　　　　的に一体化している）
（出所）筆者撮影.

## 事例2　スリランカのリゾート

　インドの南，インド洋のセイロン島にあるスリランカは，長い内戦が2009
年に終結して以後，観光産業が活発化している．この国はもともとインド洋の
リゾートとして知られ，とりわけイギリス植民地時代の19世紀ごろから，リ
ゾート地の整備が進んだ．インド洋に面する海浜部や，紅茶栽培の高原部など，

**写真 4-9　バワ初期の代表的ホテル**（中庭の池を建物が囲んでいる）
（出所）筆者撮影.

その自然環境を満喫するためのリゾートが中心であった.

　とくにスリランカのリゾートの知名度を高めたのは, スリランカを代表する建築家であったジェフリー・バワ（1919-2003）である. 彼は主にホテルなどのリゾート建築を多く手がけ, 彼の設計したホテル群は, 現在もスリランカ観光の有力な観光資源になっている.

　彼のリゾート建築の大きな特徴の1つが, 自然との融合である. バワのリゾート建築物には, 居住域から周囲の自然までが渾然一体となって浸透し合うような構造の特徴が感じられる. 彼の代表作の1つと言われるジャングルと一体化したリゾートホテルでは, ホテル内部の構造にまで周囲の自然をできるだけ取り入れた建築様式がとられ, 年月とともにジャングルの植物群が成長して, ホテルの建築物をも包摂して, ホテルと同化していくかのような構造をしている. バワが初めてホテル建築に採用したとされるインフィニティ・プールは, ホテルのプールサイドに立った観光客がプールを見たとき, プールが後方の自然風景との境界線をこえ一体化して見え, 後方の自然環境のなかにそのまま溶け込んでいくような構造をしている. バワのリゾートは, 自然との共存をいち早く考えた, ネイチャー・リゾート建築の象徴ともいえそうだ（**写真 4-7**, **写真 4-8**, および**写真 4-9**）.

## 5．日本のネイチャー・リゾートのこれから

　前項での海外事例にあるように，ネイチャー・リゾートは，その土地の自然の特徴を活かしつつ，一定の条件のもとでの快適性を追求するのが通例である．

　こうしたネイチャー・リゾートの立地条件としては，まず，滞在地の周辺が自然に囲まれていて，滞在中はつねに木立ちなどの緑が視界に入るなど，視覚面での充足が必要だ．また，川のせせらぎの音や波の音などが聞こえ，あるいは風になびく竹のそよぎの音が聞こえるなど，聴覚面での充足も求められる．さらに，木立ちからほのかな木の香りがしたり（嗅覚面），あるいは川の水に手をひたしたり周りの木々に触れることができ（触覚面），さらには地元の食材を用いた料理を味わえる（味覚面）など，視覚・聴覚・嗅覚・触覚・味覚の五感をつかって自然の環境を体感できることが理想的である．

　また，現実に自然の中でキャンプをすると，不快な虫が出たり，寝場所が固く寝心地が悪かったり，天候次第ではすきま風などが入り，寒さに震えることもあるだろう．しかし，ネイチャー・リゾートでは，自然環境は癒しとして存在するのであり，あらかじめ虫よけ薬剤を設置・散布したり，居住空間の温度調整をはかるなど，自然のもつ過酷で不快な部分は，事前の準備によって抑え込む体制づくりが重要となる．

　こうしたことは，本物の大自然ではなく，D. マッカーネル流に言うならば「本物」の自然を「演出すること」にほかならない．しかしそのことこそがネイチャー・リゾートの本質であり，その演出があるからこそ，利用客が快適に過ごせるのだ．

　そしてそこに，カヌー，サップ（立った状態で水面上を漕ぎ進むボード），ラフティング（大型ゴムボートによる川下り），パックラフト（小型軽量ゴムボート），キャニオニング（沢下り），トレッキング（山歩き）などのアウトドア活動体験が加われば，アドベンチャー・リゾートという新しい概念のリゾートにまで発展できる可能性がでてくるのである．

　以上のような考察を踏まえて，今後の日本で，自然との共存をテーマとするネイチャー・リゾートにとっての重要なポイントは，以下のようにまとめることができよう．

① 自然に囲まれ，滞在期間を通してつねに自然が体感できる立地にあること

② 自然の過酷な側面を極力抑制して，利用客が自然を「癒し」の要素と考える状況を演出していること

③ どのような滞在形態をとるにしても，必ず「快適性」が根底に追求されていること

④ 自然を利活用する何らかのアクティビティが加わることで，より新しいネイチャー・リゾートの可能性が生まれること

　今後の日本でこうしたネイチャー・リゾートが定着していくには，価格面なども視野に入れる必要があろう．一方で，「旅館」や「おもてなし文化」を活かした和風のネイチャー・リゾートなど，日本独自のテーマ性を発展させる可能性も期待できよう．

### 付記

　本章は，『神戸国際大学紀要』106 号（2023 年 12 月）に初出掲載された論文，前田武彦「ニューツーリズムにおける「自然」――アフターコロナのネイチャー・リゾート――」を，本書の趣旨にそうかたちで改め，一部の文言や字句を削除・加筆して修正したものである．

### 注

1）オールタナティブツーリズムや次世代型観光については，前田（2001：72-74）を参照のこと．

2）2008 年に施行された「エコツーリズム推進法」では，エコツーリズムが，自然環境の保全，地域の観光振興，環境教育の推進などに重要な意義をもつとして，エコツーリズムに関する施策を推進している．

3）エコツーリズムについては前田（1997a；2001）を参照，グリーンツーリズムについては前田（1997a）を参照，アドベンチャーツーリズムについては Buckley（2006）を参照，秘境観光については前田（1997b；2004）を参照のこと．

4）「一般社団法人　日本グランピング協会」ホームページ（http://www.glamping.or.jp，2023 年 12 月 5 日閲覧）．

**参考文献**

〈邦文献〉

観光庁（2010）『ニューツーリズム旅行商品　創出・流通促進　ポイント集（平成 21 年度版）』電子版　国十交通省観光庁観光産業課.

中島克己（1997）「地球環境問題の現状と対応」，中島克己・林忠吉編『地球環境問題を考える――学際的アプローチ――』ミネルヴァ書房.

前田武彦（1995）「社会現象としての観光旅行」，三木英・藤本憲一編『社会を視る 12 の窓』学術図書出版社.

――――（1996）「近代観光の両義性」『神戸国際大学紀要』51.

――――（1997a）「環境保全と観光」，中島克己・林忠吉編『地球環境問題を考える――学際的アプローチ――』ミネルヴァ書房.

――――（1997b）「秘境観光の現状と課題」『神戸国際大学紀要』53.

――――（2001）「共存の時代のエコツーリズムへ」，石森秀三・真板昭夫編『エコツーリズムの総合的研究』国立民族学博物館.

――――（2002）「広域都市圏の観光・集客戦略」，ひょうご大学連携事業推進機構編『都市文化経済講座――広域都市圏の産業戦略――』ひょうご大学連携事業推進機構.

――――（2004）「秘境観光と自然」『第 3 回　地域創造に関する全国ネットワーク研究交流会　報告論文集』奈良県立大学.

――――（2019）「SDGs における持続可能な観光の可能性」『環境技術』48(5).

〈欧文献〉

Buckley, R.（2006）*Adventure Tourism*, CAB International.

# 第5章　ヘルスツーリズムとウエルネスツーリズム

西村　典芳

　近年，健康の維持・増進を目的としたヘルスツーリズムにスポットが当たり，ホテル旅館や公的宿泊施設，民間組織などで取り組みが始まっている．自治体においても「健康増進」は喫緊の課題で，高齢になってもできるだけ多くの人たちが現役で社会参加できるように，健康寿命を伸ばそうとしている．

　ヘルスツーリズム推進の観点として，旅をきっかけに生活の質の向上が図れるような，行動変容を目的としたプログラムを開発し，効果検証をし，それらのプログラム運営を担える人材を育成することにより，都市からの関係人口・交流人口を増やすことができるのではないかと考えられる．そこで，健康増進がビジネスを創造し，地域活性化にもつながるようなヘルスツーリズムの具体的な事例を紹介する．

## 第1節　ヘルスツーリズムとウエルネスツーリズム

　ヘルスツーリズムという言葉が初めて公式に使われたのは，「公的旅行機関国際同盟（International Union of Official Travel Organization ＝ IUOTO）」のレポートで 1973 年といわれている（羽生 2011：40）．そこから約 50 年経過したが，日本でヘルスツーリズムが着目されてきたのは近年のことである．

　世界中で "ウエルネス" が注目されている．ツーリズム業界でも，世界で有名なホテルチェーンが新しいテーマとして "ウエルネス" を，ビジネスチャンスと捉えたプログラムの開発，サービスを提供しはじめている．

　Global Wellness Institute（GWI）が発表した *The Global Wellness Economy: Looking Beyond Covid* の最新レポートによると，記録的な成長を続けていた世界のウエルネス市場だが，コロナ禍の経済的な打撃により，2020 年は 4.4 兆

ドル（前年比−11％）とマイナスに転じた．その一方で，消費者の意識に感染予防や健康を重視する「価値感のリセット」が起きたことで，2021 年には再びパンデミック前の 5 兆ドル規模にまで回復すると見ており，2025 年までに 7 兆ドル規模まで伸長すると予測している．その中でウエルネスツーリズムは 4360 億ドルである（Global Wellness Institute 2021）．

　ウエルネスツーリズムは，「ヘルスツーリズムの推進に向けて：ヘルスツーリズムに関する調査報告書」（社団法人日本観光協会）によると，国内では概念・定義はないとしている（羽生 2011：40）．

　医科学的根拠にもとづく健康回復・維持・増進につながる温泉浴，健康増進プログラムなどの活動形態とする点では，「ヘルスツーリズム」と共通している．「ウエルネスツーリズム」は，たんに疾病を予防するだけではなく，生きがいや生活の質の向上など，ヘルスプロモーション（世界保健機関：「人々が自らの健康をコントロールし，改善することができるようにするプロセス」）に力点が置かれている概念であると考えられている（日本観光協会 2007：18）．

　ヘルスよりウエルネスの方がより広範囲なものを含む概念ということができる．ウエルネスツーリズムの構成要素は，休暇中のヘルスケアや治療・回復，リラクゼーション，食事療法，運動，スキンケア・美容などがあげられる．

　ヨーロッパ諸国では，温泉・鉱泉が医療・療養目的で使われている．スパツーリズムや健康回復のためのツーリズムをメディカルツーリズムと捉えている．このような国々においては，スパは，「美と健康の維持・回復・増進を目的として，温泉・水浴をベースに，くつろぎと癒しの環境と，さまざまな施設や療法などを総合的に提供する施設」（ISPA：International Spa Association の定義より）であり，つまり温泉を求めてのツーリズムは，むしろ病気治療・療養のための旅行であり，病気予防を目的としたツーリズムはウエルネスツーリズムということができる．

　ヨーロッパにおいては，ウエルネスツーリズムはよくおこなわれる旅行形態であり，スパは，ウエルネスの生き方を求める人々にとって，その実現をアシストするものと位置づけられている．そこで滞在するホテルにおいて，提供される個人のケアプログラムやリラクゼーションプログラムの質が重要になってきている．

　ヘルスツーリズムが医科学的な根拠を必要とするツーリズムと限定すれば，ヘルスツーリズムは，病気を治療する目的で他国に質の高い医療や高額な先端医療をより安い料金で受けるためのツーリズムという印象をあたえる可能性がある．

　ヘルスツーリズムから，メディカルツーリズムや，スパツーリズムを含めたウエルネスツーリズムを構成することにより，ウエルネスツーリズムの方が現代のツーリズムが持っている楽しさやリラクゼーション，学びといった側面も表現されるのではなかろうか．

　西根 (2015) によると，一般にヘルスもウエルネスも「健康」と訳されることが多い．この両者の微妙な違いについて，消費者行動学という側面から「損失」(ここでは病気) を回避したいという後ろ向きな気持ち (予防焦点) をヘルス，一方，「利得」(ここでは「健康」) に接近したいという前向きな気持ち (促進焦点) をウエルネス，と解釈するとその違いが理解しやすい，と述べている (西根 2015：3)．

## 第2節　近年のヘルスツーリズムの動向

　ヘルスツーリズムは，健康の維持や病気の予防，リハビリテーションなどの面での利用が期待されており，利用の仕方次第では，医療費の削減の可能性を秘めている．実際に，ドイツでは，自然や森林を利用したセラピー活動が健康保険の対象になるなど，医療の一形態に位置づけられている．諸外国を見渡せば，ヘルスツーリズム先進国はすでに存在し，日本でもこの分野が認められはじめている．日本では健康保険の適用にはならないが，さまざまなエビデンス (科学的根拠) を積み上げていくことにより，予防を中心としたヘルスツーリズム先進国が実現できると思われる．

　最近では，日本でもヘルスツーリズム先進地と企業が提携して，企業・健康保険組合等が取り組むさまざまな事業を，従業員・組合員の心と身体の健康づくりに活用するケースが出てきている．しかし，メタボリックシンドローム予防やメンタルヘルスケア (厚生労働省「労働者の心の健康保持増進のための指針」) は，医療・保健要素が強くなると，従業員・組合員は自主的に参加しにくい，とい

う声も少なくない.

その中で, ヘルスツーリズムは, 誰でも気軽に楽しみながら, リフレッシュや癒しという「心の健康づくり」, あるいはフィットネス等の運動や食事等の生活リズムの改善といった「身体の健康づくり」のプログラムを, 新しいアプローチから提供することが期待されている.

ドイツでは, 100年以上にわたる経験則の集積から, 効果的な自然療法プログラム (森林浴含む) がすでに用意され, 専門の資格をもった医師や療法士が全国374におよぶ保養地で治療に当たっており, この療法には健康保険が最長13日まで適用されている. ドイツ人にとっては, 保養地でそういった自然療法を受けることは, 権利として定着しているようである (森本・阿岸編 2019：163-174).

世界有数の森林国日本においても, このように自然資源をセラピーに活用していくことは, 高齢者の健康維持・増進やリハビリテーションにとどまらず, ストレスを抱える多くの人たちへの癒しにもつながる可能性がある.

## 第3節 地域の活性化を目指したさまざまなウォーキング

### 1. フランス・アルザス地方のガストロノミーウォーキング

フランス・アルザス地方では, 6月から9月の週末には, 各村のワイナリーを巡るガストロノミーウォーキングが開催されている.

フランス東部ストラスブールから南に40kmにあるバール村のガストロノミーウォーキングでは, パリから来た人や近隣の住民など1300名が参加している. 受付を済ませたあと, 村の中心にある公園のスタート地点から30分おきにスタートし, 首からつるすように紐がつけられている袋に入った50 ccのワイングラスをもらい, まずは小高い丘の上で"プレッツェル"を食し, 肉料理, フロマージュ, コーヒーと続くフルコースが提供される. その後, ルート上にある各フードポイントで, 気に入ったワインを注文する仕組みである. コースはブドウ畑の小高い丘を登り, 松林を抜ける距離は7kmである.

イベントの実施にあたっては, 地元の人たちが一体となり, 協力しながら運営している. このように地元の特産物を活かしたウォーキングはワインだけで

**写真5-1　フードポイントで食事をする**
**様子**

（出所）筆者撮影.

なく，その地域食材の絶好のプロモーションとなっていると考えられる.

## 2．ONSEN・ガストロノミーウォーキング

　日本でも「ガストロノミーツーリズム」が広がりを見せている．前述のようにガストロノミーツーリズムは地域に根ざした色や自然，歴史などの魅力に触れることを目的とした旅のスタイルである．これに「温泉」をプラスした新しい体験が「ONSEN・ガストロノミーツーリズム」である.

　2016年10月には，「一般社団法人ONSEN・ガストロノミーツーリズム推進機構」が設立され，普及に向けた体制が整った．同機構が「ONSEN」というワードを使ったのは，海外からの観光客にも温泉の魅力を広く発信していきたいという思いからである．「温泉」を単なる日本語ではなく，食文化を楽しみ，地域を称揚するヘルスツーリズムとして「ONSEN」が国際語になるようにという願いを込めている.

　同機構は 2016 年 11 月に，大分県別府市の海岸沿いで世界初となる ONSEN・ガストロノミーウォーキングを実施し，約 300 人の参加者が別府の自然や名産，温泉を満喫した．2019 年 1 年間では全国 50 カ所で実施され，約 1 万 5000 人が参加した．2020 年 2 月には海外初の台湾で開催されている．

　「ONSEN・ガストロノミーウォーキング IN 湯梨浜町・はわい温泉東郷温泉」では，参加者は約 300 人で，フードポイントは 7 カ所設置された．最初のポイントは「東郷湖産鬼蜆（おにしじみ）のお吸い物」で，日本一の大きさといわれる東郷湖産のシジミのうち，特に大粒のものを厳選した鬼 蜆が提供された．次の湖畔のウォーキングカフェ「cafe ippo」では，「貝殻フィッシュバーガー」が提供された．ハワイ語で「マヒマヒ」と呼ばれる，地元産のシイラの身をフライにして貝殻模様のバンズで挟んだオリジナルバーガーである．鳥取バーガーフェスタでパフォーマンス賞を受賞している．次に，いま日本で一番肉質が良いといわれる「鳥取和牛串焼き」が振舞われた．鳥取和牛は 2017 年に開かれた「第 11 回全国和牛能力共進会」で肉質 1 位を獲得している．田園風景のポイントでは「とっとりウェルカニ」と題して，鳥取を代表する味覚，ベニズワイガニが，もっとも味を堪能できる茹で加減で提供された．最後は「鳥取牛骨ラーメン」である．「牛骨ラーメン」とは，読んで字のごとく〈牛骨でスープをとったラーメン〉のことである．スープは，少し甘めでコクがあり，まろやかな味わいが特徴で，鳥取中部のソウルフードとして親しまれている．このように地元の特産品，B 級グルメや地酒，ワインなどに触れながらの 8.9 km のウォーキングである．歩いた後は，はわい温泉・東郷温泉でさっぱりと汗を流して終了，という流れである．

　同機構の調査によると，「コース満足度 98％」が満足という結果となり，全国開催地の中で最優秀賞を受賞している．

## 3．ワインツーリズムやまがた

　山形県上山城で，県内及び近県のワイナリーが勢揃いする，東北最大規模のワインイベントが「やまがたワインバル」（主催：山形ワインバル実行委員会）である．かみのやま産ぶどうを使用して作られたワインのほか，各地の個性あふれるワインとの出会いの場所であり続けるというコンセプトのもと，ワインに合

う料理のフードコートなどが楽しめる．翌日には，「ワインツーリズムやまが
た」が開催されるという流れである．

　「ワインツーリズムやまがた」の上山エリアでは，受付を済ませて，かみの
やま温泉駅からシャトルバスに乗車してタケダワイナリーに移動する．タケダ
ワイナリーではワイナリー内を巡るツアーを開催しており，歴史から生産まで
を詳しく解説してくれるのも楽しみの1つである．次に，新しくできたベルウ
ッドヴィンヤードでは，2017年春に就農した農家から，ワインづくりに対する
思いを聞けるのも魅力の1つである．ワインツーリズムやまがたは，上山エリ
アと南陽エリアと広いため1日ではまわることができないくらいの規模である．

　「ワインツーリズムやまがた」の南陽エリアでは，かみのやま温泉駅前から
シャトルバスに乗り，東北最古の坂井ワイナリー，金渓ワインの佐藤葡萄酒，
イエローマジックワイナリー，3年連続ベスト日本ワインを受賞した大浦葡萄
酒などをまわる．

　このように，直接生産者との交流ができるのも楽しみの1つである．

## 4．ウエルネスウォーキング

　笹川スポーツ財団の調べ（2020）では，散歩・ウォーキング実施率（年1回以
上）は47.5%，推計実施人口は4913万人である．新型コロナウイルス感染症が
拡大し在宅勤務など働き方が変わる中，20～50歳代で散歩・ウォーキング実
施率が前回調査（2018）より増加している．一般的なウォーキングイベントに
は，「日本ウォーキング協会のスリーデーマーチ」などが有名である．日本ウ
ォーキング協会は1964年10月17日「東京オリンピック」が開催されていた
東京で「歩け歩けの会」として誕生した．前年，歩いてサンフランシスコから
ニューヨークまで，アメリカ大陸6000キロ横断をした早稲田大学生の大西七
郎さんが，早稲田，日本，青山，慶応，中央，御茶の水等の各大学の学生仲間
たちと「みんなで歩こう！」と呼びかけたのが始まりである．

　このように元気に歩く人ばかりではなく，運動をしたくない人にいかに歩い
てもらうかが課題である．さらに，ウエルネスの目的でもある行動変容に結び
付けることができるかである．そこで，考案されたのがウエルネスウォーキン
グである．参加するきっかけになるように，日本酒やワイン，ホテルのランチ

なども企画に取り入れているのが特徴でもある.

　ウエルネスは,米国の公衆衛生医師ハルバート・ダンによってそれまで使われていた健康を表す Health に換えて,あまり一般的でなかった Wellness の語を用い新しい総合的な健康の概念として提唱された.1961 年にハルバート・ダンが出版した『ハイレベルウエルネス』(Dunn 1961) の中で,「ウエルネスとは,個人が持つ潜在能力を最大限に生かす機能を統合したもの」と定義している.つまり,より幸福でより充実した人生を送るために,自分の生活習慣を点検し,自らの気づきと行動で変革していく能動的概念ともいえる.

　ウエルネスウォーキングとは,ウエルネス理論に基づいたプログラムで,健康ウォーキングやノルデイックウォーキング,まち歩きなどの要素を取り入れた新しいウォーキングスタイルである.毎回オリエンテーションで動機付けをおこない,ウォーキングの健康効果を血圧などの指標で「見える化」していくのが特徴である.

　「ウエルネスウォーキング」考案のきっかけは,2013 年に六甲山に健康保養地をつくることを目的に立ち上げられた「六甲健康保養地研究会」である.六甲山を健康保養地として活用していくためには,健康保養地として認知されるだけでなく,その内容にふさわしいプログラムや設備,運営組織,人材が必要なため,それらを統括して運営していくための組織,それを担うための専門知識を備えた人材をどのように養成するか研究をしようとはじまったのがウエルネスウォーキングである.

　2015 年 8 月には,「ウエルネスウォーキングリーダー養成講座」を実施した.兵庫県以外からも参加があり,「日本ウエルネスウォーキング協会」を設立するきっかけとなった.

　日本ウエルネスウォーキング協会は,ウエルネスウォーキングの普及や指導者養成及びコースづくりのアドバイスをおこなうために 2016 年 3 月に設立された.養成講座に参加し認定されたリーダーが,その地域のウォーキングコースを開発し,案内をしている.コースづくりのポイントとは,そこに住んでいる人々の暮らしぶりやその町に反映されている地域の歴史を直接体験することも意識している.人びとの季節の食材や暑さ寒さを防ぐ工夫,受け継がれてきた独特の風習などをじっくりと見聞することである.

　活動する組織は，兵庫県は「六甲健康保養地研究会」が運営し，2018 年から奈良県，鳥取県，神奈川県でも事業がスタートしている．

　これからは，開催している地域の人々が他の地域へ出かけて交流を図り，交流人口が拡大してその地域が活性化し，健康寿命延伸に寄与できることを期待している．

## （1）神奈川県横浜市「横浜港ウエルネスウォーキング」

　横浜市の「横浜港振興協会」は，「日本ウエルネスウォーキング協会」が協力し，「横浜港エリア散策ウエルネスウォーキング」プログラムを開発した．歩きながら横浜港周辺を観光し，ウォーキング後は中華街のレストランや港にあるホテルのレストランで特別ランチを満喫するのが楽しみの 1 つである．

　コースは，横浜港をめぐるコースがメインで，「大さん橋」「象の鼻パーク」「赤レンガ倉庫」「ハンマーヘッド」「女神橋」「帆船日本丸（乗船）」など約 4 キロのコースを 2 時間かけて歩く．"BAYWALK YOKOHAMA" と名付けたコースを国内外に広める思いで始められたイベントである．2 カ月に 1 回のペースで，横浜港の歴史文化に触れられるコースを企画して開催している．参加者からは，帆船日本丸の乗船も初めてなので，再度ゆっくり訪れたいとの声も聞かれた．さらに，担当者は「ナビオス横浜施設内で開店前の「シーメンズクラブ（BAR）」や絵画，模型等の見学も新しい発見で喜んだ」と手応えを感じている様子である．

## （2）神奈川県横浜市金沢区「八景島ウエルネスウォーキング」

　横浜市の横浜港振興協会は，「日本ウエルネスウォーキング協会」が協力し，「八景島ウエルネスウォーキング」プログラムを開発した．歩きながら八景島周辺を観光し，ウォーキング後は景勝地の料亭で特別ランチを満喫することができる．

　コースは，八景島マリーナから海の公園への海岸線を紹介しながら，みかん山での収穫体験や国の有形文化財指定の「金澤園」での食事など約 4 キロのコースを 2 時間かけて歩く．2 カ月に 1 回のペースで，横浜港の歴史文化に触れられるコースを企画して開催している．担当者は「称名寺入口ではリスやカワセミなどの生き物達にも出会え，鎮守の森を散策（少し登山）しましたので自然

の癒し効果（フィトンチット，1／f のゆらぎなど）も体験出来ました」と手応えを感じている様子である．

## （3）むかいぐみウエルネスウォーキング

　鳥取県倉吉市で，"健康に人生を明るく送るための家づくり"をしている企業がある．

　健康住宅をつくるには，まず家族や環境，地域が健康でなければならないという想いから，月に1回の社員を対象にウエルネスウォーキングを開催している．それ以外に，暮らしを楽しむ季節毎のイベントを開催したり，地域活動に参加することで，人を助けたり，助けられたり，新たな出会いが生まれたりする．それは巡り巡って，「この街に住み続けたい」という想いを育てることになると考えられている．

　同社の悩みとして，全体的に高血圧・高脂血症の値が高めの人が多く，地域で毎年開催されるウォーキングへの参加を呼びかけ（費用は本人と家族分会社負担），運動習慣を促してきた．しかし，参加者は毎年増えてきていても，イベントは年に1～2回しかなく，定期的な運動習慣にはなっていないと感じられ，習慣化するには自社で毎月企画すれば良いと考え，社員がウエルネスウォーキングのインストラクターの資格を取得した．

　また，健康増進のためには毎月継続することが重要だと言われている．社員はもとより，地域の人々が健康になることで，活気のある町になる企画になってきた．

　同社では，コースを考える際に重要としていることは，ある程度坂道など負荷がかかる場所と普段気づかない場所を楽しめる工夫をし，その環境を好きになってもらうことである．同時に，普段から色々な分野の情報を集めて，健康情報と合わせて伝えている．

　会社独自で，インストラクターによる効果的で楽しいウエルネスウォーキングを毎月開催しているという健康づくりへの取組が評価され，鳥取県知事表彰を授受された．さらに，県民が健康づくりに取り組みやすいようなサービスを提供している施設「健康づくり応援施設」として認定された．

## （4）ザ・プリンス京都宝ヶ池ウエルネスウォーキング

　京都市左京区のザ・プリンス京都宝ヶ池は，「日本ウエルネスウォーキング協会」が協力し，「歴史散策ウエルネスウォーキング」プログラムを開発した，歩きながらホテル周辺を観光し，ウォーキング後はホテルのレストランで野菜を中心とした特別ランチを満喫するのが楽しみの１つである．

　２カ月に１回のペースで，京都の歴史文化に触れられるコースを企画して開催している．ホテルの担当者は「自然に恵まれた洛北地域の魅力を生かした企画でアフターコロナ時代にも合致している」と手応えを感じている．

## （5）KOBE 森林植物園ウエルネスウォーキング

　2015 年 5 月から神戸市森林植物園の協力を得て，「六甲健康保養地研究会」が，月に１回のペースでウエルネスウォーキングを開催している．

　神戸市立森林植物園は，市街地から至近の六甲山地の一角に，自然を最大限に活用し単なる見本園ではなく，生きた植物本来の姿を樹林として見ることができる，総面積 142.6 ha の広大な植物園である．

　この植物園の健康利用を目的とした，四季の花々などを楽しむウォーキングは，定番となり，森のベッドによる「横臥療法」や「腕浴」などが人気である．

## （6）神戸フルーツフラワーパークウエルネスウォーキング

　北神戸の豊かな自然の中に広がる花と果実のテーマパーク「神戸フルーツフラワーパーク」と，「六甲健康保養地研究会」が協力し，農業をテーマにした「ウエルネスウォーキング」プログラムを開発した．

　ここは，農産物の直売所，カフェやレストラン，遊園地等もある家族で楽しめる複合型の道の駅で，四季折々の花が咲き，夏から秋にかけてはフルーツ狩りも楽しめる．ウォーキングの途中で，いちご狩り，リンゴ狩りなどの収穫体験をし，ウォーキング後は，地元の食材をたっぷり使用した体に優しい「季節の農家ごはん」弁当も楽しみの１つである．

## （7）神戸ワイナリーウエルネスウォーキング

　神戸市西区にある神戸ワイナリーは，「六甲健康保養地研究会」が協力し，「ガストロノミーウエルネスウォーキング」プログラムを開発した．同ワイナ

**写真 5-2　ブドウを収穫する様子**
（出所）筆者撮影.

リーは，1984 年に設立され年間 400 トン（通常の瓶サイズで約 40 万本）にもおよ
ぶ良質ワインを生産・出荷し，ジャパンワインチャレンジ 2014 金賞・ベスト
バリューアワードW受賞，サクラアワード 2017 金賞，2019 年の G20 にも提供
されるなど魅力的なワインを楽しめる. しかしながら，神戸ワインは，市民に
とって近い存在でない. そこで，この企画は，神戸ワインを楽しんでもらえる
ように，ワイナリーを巡り，ウォーキング後は「KOBE WINERY BBQ &
RESTRANT KOBE WEST」で地元の旬菜をはじめ，こだわりの料理とともに
蔵でしか味わえないワインを楽しむものである.

　このように，神戸森林植物園，神戸フルーツフラワーパーク，神戸ワイナリ
ーなどを，健康資源としての活用する「Healthy Parks Healthy People」とい
う運動が提唱されている. 人の健康を増進する資源として，自然・公園を活用
する運動のことで，今では 30 カ国，100 組織が取り入れており，世界的な広が
りを見せている.

## （8）神戸ポートピアホテルウエルネスウォーキング

　神戸ポートアイランドにある神戸ポートピアホテルは，「朝の森林浴散歩」
を 2014 年 7 月以来，毎月第 1 水曜日の早朝に無料で実施してきた. そのこと
がきっかけで，「六甲健康保養地研究会」が協力し，「ウエルネスウォーキン

グ」プログラムを開発した．ポートアイランドが埋め立てられ40年近く経つので，ホテルの南に位置する「南公園」などは，その当時に植林された木々が森を形成し，森林浴も楽しめるようになっている．

このウォーキングは，1981年に開催されたポートピア博の痕跡を訪ねたり，神戸医療産業都市やアシックススポーツミュージアムを訪ねたりして，ポートアイランドの魅力に触れることが楽しみの1つである．また，それぞれのレストランが疲労回復を意識した「ウエルネスランチ」を提供するのが特徴である．

## （9）福寿ウエルネスウォーキング

日本有数の酒どころ「灘五郷」の中にあり，ノーベル賞の晩餐会で提供されている「福寿」は，「六甲健康保養地研究会」が協力し，「ガストロノミーウエルネスウォーキング」プログラムを開発した．

近年，日本酒全体の国内出荷量が減少傾向で，消費者の志向が量から質へと変化してきている．そこで，日本酒を楽しむ機会と灘五郷を知ってもらいたいという思いで，神戸灘の酒蔵や近隣の酒蔵を巡り，ウォーキング後は「蔵の料亭さかばやし」で地元の旬菜をはじめ，こだわりの自家製豆富や蕎麦とともに蔵でしか味わえない原酒を楽しむものである．食事後は蔵見学とセミナーで知的好奇心の満足を得るという，ウエルネスを意識したプログラムである．このプログラムは，特に男性の参加者が多いのが特徴である．

## （10）神戸みなと温泉蓮ウエルネスウォーキング

神戸港にある厚生労働省認定の温泉利用型健康増進施設「神戸みなと温泉蓮」は「六甲健康保養地研究会」が協力し，ドイツの自然療法を活用した「タラソテラピーウエルネスウォーキング」プログラムを開発した．神戸港を眺めながらおこなうウエルネスウォーキングプログラムは，2017年9月9日から開催されている．神戸港を巡り海洋ミネラルをたっぷりと浴びるウォーキングと，塩化ナトリウム（食塩），炭酸水素ナトリウム（重曹）を多く含んだ温泉に浸かるものである．そこに加え，勝海舟により開設された「海軍操練所跡碑」や異国の商館，邸宅が並んだ「旧居留地」など開港当時の異国情緒に触れながらのウォーキングが特徴である．

ウエルネスウォーキングを開催することにより，温泉利用型健康増進施設の

利用の仕方を周知することも目的の1つである.

　これらのように地域資源を有効活用した神戸での事例は，運動をする時間の確保にハードルが高い人でも，楽しく参加出来るものではないか. このような地域を巻き込んだ取り組みが参加者を飽きさせない重要な要素である.

## 第4節　健康保養プログラム

### 神戸みなと温泉蓮健康増進宿泊プログラム

　筆者は2019年2月16〜17日に，「神戸みなと温泉蓮」にて健康増進宿泊プログラムの効果検証を実施した.「公益財団法人神戸医療産業都市推進機構」のヘルスケアサービス開発支援事業の有識者委員会にて研究計画を答申し，「ヘルスケア開発市民サポーター」の利用の承認を得て，「ヘルスケア開発市民サポーター」から被験者を募集した.

　調査対象者は，プログラムに参加した女性27名（年齢53.1 ± 8.3歳）で，普段から運動をされない方が半数をしめた.

　プログラム参加1週間前と介入1週間後・6カ月後に，緊張・抑うつ・怒り・活気・疲労・混乱の6因子が同時に測定できる意識感情調査（POMS）と健康関連QOL（HRQOL：Health Related Quality of Life）を測定するための生活調査（SF36V2），数週間の精神的疲労と身体的疲労を調べるため心理尺度チャルダーの疲労調査を実施した. プログラムでは，ヨガ・水中運動・ウエルネスウォーキング・入浴等をおこない1泊2日の健康増進プログラムの有用性を調べた. 特に人気だったのが「水中運動」「ヨガ」「ウエルネスウォーキング」であった.

　その結果，介入前後で，最高・最低血圧が有意に減少した. 介入1週間後と6カ月後において，チャルダーの総合疲労・身体的疲労・精神的疲労が有意に増加し，SF36V2の日常生活機能（精神）が有意に減少した.

　介入前後において，プログラムの血圧減少の効果が確認できた. チャルダーの疲労調査において，参加1週間前と介入1週間後には有意な変化がなかったが，疲労の減少傾向にはあった. また，介入1週間後と6カ月後において，疲労の増加と精神の日常生活機能の低下が確認された. このことは，定期的に今回のプログラムに参加することで，疲労の増加と精神の日常生活機能の低下を

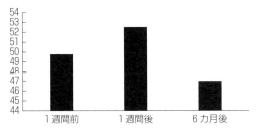

**図 5-1　SF36V2 の日常生活機能 (精神) のグラフ**
(出所) 筆者作成.

予防できる可能性を示唆する. これは, プログラム開始時に実施したオリエン
テーションで, それぞれの測定項目の意味を解説したことが影響しているかも
しれない.

　その中でも, 重要なのが食事である. そこで, 抗疲労に有効な栄養素を日本
食にバランスよくとり入れた食事を提供した. 疲労回復システムがよりスムー
ズに稼動すれば, 疲れにくくなり, 過労予防にもなるメニューである (渡辺・水
野・浦上 2016 : 6-11).

　疲れを解消するには, 細胞やたんぱく質を傷つける活性酸素の発生を抑え,
代謝を助ける栄養素をとって疲労回復システムを修復することが必要である.
活性酸素の発生を抑え, 修復エネルギーを効率良く十分に作り, また, ストレ
スを緩和して, かつ, 代謝をよくするカギは毎日の食事にあるということで,
昼食を「湯葉とささみの餡掛けご飯 (415 kcal)」「麦富士豚の生姜焼き
(536 kcal)」, 夕食に「健康御前」を考案して提供した. ここで重要なことは, ウ
エルネスにおける食事は病人食でなく, 長期滞在したとしても, 飽きさせない
バランスの取れたおいしい食事を提供することである.

　今回の取り組みをきっかけに, 温泉利用型健康増進施設のプログラムを充実
させ, 中長期滞在の健康増進プログラムの運用が期待されている.

# 第5節　これからのヘルスツーリズム

## かみのやまクアオルト健康ウォーキング

　山形県上山市の「かみのやま温泉クアオルト健康ウォーキング」には，日本初のドイツ・ミュンヘン大学から認定されたコースがある．蔵王の中腹1000 m にある蔵王高原坊平（3.6 km・高低差 190 m）をはじめウォーキングコースが 8 コースある．

　上山では日替わりでコースが変わる午前中の「毎日ウォーキング」，旅行者でも参加しやすい午後の「幕色ウォーキング」など，蔵王テラポイトという専任ガイドとともに「気候性地形療法」のウォーキングができる．

　標高の高い「蔵王高原坊平コース」は夏には涼しく歩きやすいコースである．まずは集合場所のナショナルトレーニングセンターで血圧と心拍数を測り健康チェックシートに体調などを記入し，準備体操をして歩き始め，途中のポイントごとに心拍数を計測する．普通の人なら「160 から年齢を引いた数」になるように，体力に合わせ歩くスピードを加減するドイツの「気候性地形療法」を用いておこなわれる．ウォーキングの途中でかみのやま特産のフルーツをふるまったり，なかでも，ウォーキング参加者だけが食べられるクアオルト弁当は，摂取カロリー 550 cal，塩分を 2 g に抑え，メニューも季節の旬のものを使うという力の入れようである．

　2009 年から始まった「クアオルト健康ウォーキング」は，初年度 370 名からスタートしたが，2016 年度には 1 万 3583 名を超えて，上山市外の人が 4 割を占めるまでになった．

　このような活動が評価され第 4 回ヘルスツーリズム大賞にも選ばれた．

　このようなウォーキングは，いつでも，誰でも，1 人でも気軽に参加できる．「頑張らない，汗をかかない，日光に当たる，話をする」を意識するだけで健康作りができると評判であり，地元の人びとの健康づくりにも役立っている．

　ドイツをはじめとした欧米諸国では，自然療法が盛んにおこなわれている．各地には保養のための施設があり，行政や研究機関による協力体制も整えられている．また，自然療法に保険が適用されるなどの法的な支援もあることで，

人々が自然療法に親しみやすい環境となってきている.

　日本では，まだドイツのように本格的な中長期滞在ができる状況ではないものの，かみのやま温泉クアオルト健康ウォーキングなど，健闘している地域もある．このようなウォーキングは，単に旅行中の健康効果（医学的，生理学的，心理学的等）だけに着目するのではなく，ヘルスツーリズム推進の観点から旅行をきっかけに健康を意識するなど，生活の質の向上を図るための手段としても注目すべきであろう.

### 付記

　本章は，西村典芳［2024］「健康と食による地域・社会を豊かにするツーリズム──地域・社会と観光ビジネスⅡ──」（福本賢太・田中祥司編『観光ビジネスの新展開──未来を切り拓く旅行会社──』晃洋書房）を再構成し，加筆修正したものである.

### 参考文献

〈邦文献〉

笹川スポーツ財団（2020）「スポーツライフ・データ 2020」（https://www.ssf.or.jp/thinktank/sports_life/datalist/2020/index.html，2024 年 4 月 23 日閲覧）.

西根栄一（2015）『生活者ニーズから発想する健康美容ビジネス「マーケテイングの基本」』宣伝企画.

西村典芳・山中裕（2021）「神戸みなと温泉蓮における心身改善の宿泊プログラムの効果検証について」『日本温泉気候物理医学会雑誌』84（2）.

日本観光協会（2007）「ヘルスツーリズムの推進に向けて：ヘルスツーリズムに関する報告書」.

羽生政宗（2011）『ヘルスツーリズム概論』日本評論社.

森本兼久・阿岸佑幸編（2019）『温泉・森林浴と健康』大修館書店.

渡辺恭良・水野敬・浦上浩（2016）『おいしく食べて疲れをとる』オフィスエル.

〈欧文献〉

Dunn, H. L. (1961) *High-Level Wellness: A Collection of Twenty-nine Short Talks on Different Aspects of the Theme "High-level Wellness for Man and Society."*, Beatty Press.

Global Wellness Institute (2021) *The Global Wellness Economy: Looking Beyond Covid*, 〈https://globalwellnessinstitute.org/wp-content/uploads/2021/11/GWI-WE-Monitor-2021_final-digital.pdf，2022 年 7 月 22 日閲覧〉.

補章
1

# 観光のためのマーケティング基礎知識入門

小長谷 一之

## 第**1**節　マーケティングの戦略と戦術——基本は STP＋4P

　マーケティングの中心作業となる市場分析とマーケティング戦略の実際は，**図補1-1**のように，大きな方針戦略から実際の商品開発までの流れで，SWOT＝＞STP＝＞4P の順番に作業を進めるのが普通である．

### 1．（ステップ1）自己の位置づけを大きく把握する SWOT（大局観）

　「敵を知り己を知らば，百戦あやうからず」といわれるように，まず，マーケティング戦略を立案する大局観として，有名な自己他者の位置づけ分析をすることが望ましい．

（1）「内部環境分析」：まず，自己（自社，観光の場合は地域）の内的な「強み（S：ストレングス Strength）」「弱み（W：ウィークネス Weakness）」を把握する．

（2）「外部環境分析」：次に，外部市場における自己の位置づけである「機会（O：オポチュニティ Opportunity）」「脅威 T（スレット：Threat）」を把握する．

### 2．（ステップ2）市場分析 STP（戦略レベル）

　あらゆる商品（財やサービス）は，国民全員が等しく使うものではなく，逆に，そのような商品マーケティングは効率が悪すぎるので，なんらかの形で対象となる顧客を絞り込み，その人たちが特に求めるように商品設計をする必要がある．これが STP といわれる作業である．

（1）S：市場細分化（セグメンテーション Segmentation）：まず，マーケティング調査をおこない，市場を分類する．分類とは，似通った選好や支払い条件をもつ消費者（観光の場合は来訪者）をグループとしてまとめることである．**観光の場合は，**① 個人か団体か小グループか：個人，カップル，ファミリー，（友人

等）小グループ，団体，② 年齢性別：若年（男・女），子連れ（男・女），シニア（男・女），③ 空間：目的地近隣，日帰り圏（２時間），遠方（２時間以遠），④ 時間：休日か平日（昼間・夜間）か，⑤ 価格：所得階層等がある．

（２）Ｔ：どこを狙うのか（ターゲティング Targeting）：市場は選好の異なる人々で構成される．市場の中でどの部分の顧客を狙うのか，決める必要がある．

（３）Ｐ：商品の位置づけ（ポジショニング Positioning）：ターゲットとする顧客向けに，商品を造成する．

## ３．（ステップ３）商品造成の実際 4P（マーケティングミックス，戦略から戦術的レベル）

以上のように SWOT により自己の立ち位置をきめ STP で戦略をたてれば，次に実際の事業を組み立てて実行していく戦術的レベルになる．実際の商品開発において「プロダクト（観光商品）」「プライス（価格）」「プレイス（立地，流通）」「プロモーション（広告）」を管理するので 4P 段階という．

## 第 2 節　サービス業としての観光のマーケティングの特殊性

取引されるものは，財とサービスの２者が代表的なものである．観光においては，物販飲食，土産物等の有形財もあるが，殆どは宿泊やイベント等のサービス財の購入である．メインはサービス業といってよい[1]．

## １．前提となる「サービス業の４大特性」と「観光産業の特殊性」

そこで，ここでは，すべての観光マーケティングの基礎となる点で，まず，通常の有形財と異なる「サービスの４大特性」をみておきたい．

（１）サービス業の４大特性
サービスは，有形財と大きく違う以下の４大特性がある．

① 無形性．
② 同時性（生産と消費）：サービスは生産と消費が同時である．
③ 消滅性（非貯蔵性）：サービスは瞬間的に消費され消滅し，貯蔵できない．

マーケティングの枠組み

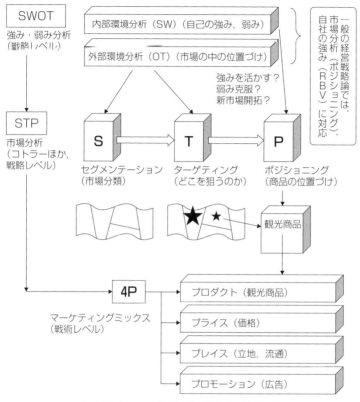

図補 1-1　マーケティングの分析と戦略

（出所）筆者作成.

④ 異質性（変動性）：サービスは 1 つとして同じものはない. 等である.

## （2）観光産業の特別な条件

　さらに，観光産業には，典型的には「施設・設備投資型産業」という性格がある. これは，特に，観光関連産業の「アゴ（飲食業），アシ（交通事業），マクラ（宿泊業）」のうち，後 2 者が強くこの性格をもつ. 航空輸送業の航空機や，ホテル，旅館業の建築などは，単なる資本集約型産業というより，集客・乗客施設の資本集約といえる. これらの性質から，観光産業では，特徴的なマネジメン

トとして以下の3点が重要となる.

■パッケージ化戦略
■レベニューマネジメント（ダイナミックプライシング）
■内部マーケティングの重要性

## 2. 観光業の特徴的なマネジメント1——パッケージ化戦略

　サービス業は，座席や部屋の所有権を売るのではなく，使用権を売るだけである.

　ところが設備の事前投資額・固定費用は大きい. 特に航空輸送業の航空機や，ホテル，旅館業の建築などは，設備産業という性格があり，供給数，すなわち，座席数や部屋数の方は一定量である. ところが，需要量が大きく変動するのに，上記の生産・消費の同時性・消滅性（サービスの4大特性）により，使用権は貯蔵ができない. 在庫の手段で調整ができないところに大きな特徴がある.

　空いている部屋があれば値引きしてでも，できるだけ埋める必要がある. 使用権の追加費用（限界費用）は安く，収入が入る方が大きい. すなわち，巨大な施設投資をして，空席・空室（空気に貸している状態）があると，大損しているのである. 空席・空室を作れない.

　実は，この特殊性こそ，伝統的なマスツーリズムの典型的戦略「パッケージ化戦略」が成立する大きな要因なのである. サプライヤーである航空会社や旅館等は，値引きしてでも空席・空室をおさえてくれた方がありがたい. そこで，コーディネータ（アセンブラー）である旅行会社は，座席や旅館部屋を安くおさえる大量仕入れが成立する. 食・交通・宿（アゴ・アシ・マクラ）を一緒に大量に安く仕入れまとめる. そして例えば「温泉」+「カニなどの料理」+「名所旧跡」+「特急や空の便」+「旅館・ホテル」をセットで売る「パッケージ化戦略」が長らく有効であってきた（マスツーリズムの典型手法）. これは，序章の「時間空間一致の法則」でも示されたように，「旅行者は，一度来たら，出来るだけ多くの満足を得ようとする」原理，すなわち消費者のB／C（コスト＝ベネフィットの効率）とも一致する，非常に合理的な戦略といえる.

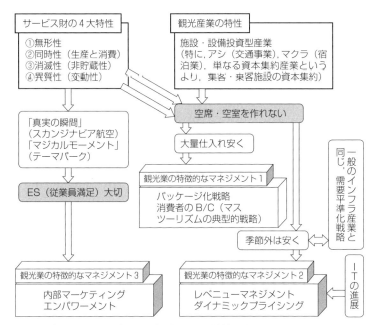

**図補 1-2　サービス業と観光産業の特性からいえる 3 つのこと**
(出所) 筆者作成.

## 3．観光業の特徴的なマネジメント 2 ──レベニューマネジメント

　上記のように，需給ギャップがあると大損することから，一般のインフラ産業と同じく，巨大な投資費用が無駄にならないように，需要平準化戦略（需要を動かす）がまず考えられる．これを「レベニューマネジメント（収入管理）」と

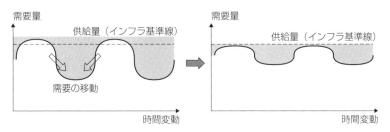

**図補 1-3　インフラ企業におけるダイナミックプライシング**
(出所) 筆者作成.

いい，典型的手段が，顧客の条件ごとに個別価格を変えて提示する「ダイナミックプライシング」（供給量管理も考えるときはイールドマネジメントというときもある）である．

　繁忙期は高く閑散期を安くする．一般のインフラ産業では伝統的な電力会社の夜間料金の例がある．

　ところで，このダイナミックプライシングは時間変動に限らず，顧客に支払い意欲の強弱がある全ての財・サービスに有効である．その理由は，需要曲線という非常によく知られた経済のグラフからよくわかる．**図補1-4**は，各価格が示されたときの払う意志のある総客数を示す．もちろん右肩下がりになる．

　通常の物販の原則である「一物一価」主義では，全顧客に対したった1つの平均価格でしか売れない．このときの収入は，左図の黒箱の面積になる．

　ところが，これでは，もっと高くても買うという支払い意志の高い客や，もっと安ければ買っても良いという客に上手く対応していない．そこで，それぞれの客に応じた価格とすれば，収入は，右図の黒箱の面積になり増加する．

　このように，きめの細かい条件ごとの価格対応をすれば有利なことはわかっていたが，それには顧客を分類し，かつ把握する必要がある．伝統的な巨大インフラ産業（電力会社等）は顧客把握手段がありそれが昔からできていたが，多くの観光業では難しかった．それを可能にしたのがITの進展である．

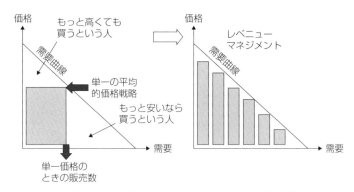

図補1-4　レベニューマネジメントによる利益増

（出所）筆者作成．

## 4．観光業の特徴的なマネジメント3 ── 内部マーケティングの重要性

### （1）サービス業の主役は社員

　サービス業は，② 同時性（生産と消費），③ 消滅性（非貯蔵性），④ 異質性（変動性）等の特質をもつことから，サービス業の質を決定する主要なファクターは，接客の瞬間（同時・消滅の瞬間）を担当する従業員の能力，技術であり，それをささえるのは意欲，モチベーションである．顧客からみれば，一番重要なサービスの質は，接客（コンタクトポイント，サービスエンカウンター）の僅か数十秒の，従業員の対応なのである．顧客満足はそれにかかっている．このことは，スカンジナビア航空のトップだったヤン・カールソン（1990）の「真実の瞬間」や，テーマパークが工夫する「マジカルモーメント」（特別な日にプレゼントするサプライズサービス）等からみても明らかである．

### （2）サービストライアングル

　有形財の通常のマーケティングでは「CS（顧客満足）」の企業＝顧客の二者関係であった．これに対しサービス業では社員のモチベーションやロイヤルティを獲得するために「ES（従業員満足：Employee Satisfaction）」が重要で，もう1つのマーケティング（内部のマーケティング）が必要になる．顧客，企業の関係ではなく，従業員，企業の三者関係が重要になる．これをサービストライアングルという（山本 2007；小川 2009；森山 2016）．

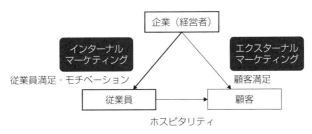

**図補1-5　サービストライアングル**

（出所）山本（2007），小川（2009），森山（2016）などをもとに筆者作成．

注

1）サービス業のマーケティングについては，古くは，山本（2007），小川（2009）がある．またその他の例については，野村（2016），国枝（2016），森山（2016）がある．

**参考文献**

〈邦文献〉

小川孔輔（2009）『マーケティング入門』日本経済新聞出版社.

カールソン，Y.（1990）『真実の瞬間――SAS（スカンジナビア航空）のサービス戦略はなぜ成功したか――』（堤猶二訳），ダイヤモンド社.

国枝よしみ（2016）「観光マーケティングの枠組み」，NPO 法人観光力推進ネットワーク・関西・日本観光研究学会関西支部編『地域創造のための観光マネジメント講座』学芸出版社.

野村佳子（2016）「基本となるサービスとホスピタリティの考え方」，NPO 法人観光力推進ネットワーク・関西・日本観光研究学会関西支部編『地域創造のための観光マネジメント講座』学芸出版社.

森山正（2016）「顧客と地域人材のマーケティング」，NPO 法人観光力推進ネットワーク・関西・日本観光研究学会関西支部編『地域創造のための観光マネジメント講座』学芸出版社.

山本昭二（2007）『サービス・マーケティング入門』日本経済新聞出版社.

# 補章2 まちづくりとソーシャルキャピタル

小長谷 一之

　この補章では，信頼をもった社会的ネットワークである「ソーシャルキャピタル」の見方からの分析と，実際のまちづくりの手法との関係について簡単に述べる．

## 第1節　まちづくりのキーパーソンのモデル
### ──「弱い紐帯の強さ」および「構造的隙間」の理論

　一般の社会的ネットワークの構造は，**図補2-1**のようになる．ここで，太い線が「強い紐帯」，細い点線が「弱い紐帯」である．ここで，ネットワークのまとまったクラスターで，主に強い紐帯でまとめられた既存の組織，町内会や商店会のことを，クリークという．

　ここで，まちづくり等で重要となるキーパーソンの位置づけについて，驚くべきことが分かってきた．社会的ネットワークの中で，一見すると，強い紐帯の伝統的なネットワーク（クリーク）の中心に位置する図のAなどが大きな社会的影響力をもつとみられるかもしれない．ところが，グラノベッターは，多くの場合，クリーク（強い紐帯で結ばれた組織）内では周辺に位置し，弱い紐帯，特に多くのブリッジをもっている図のBのような立場の方が社会的影響力が強いことを示した．これをグラノベッターは「弱い紐帯の強さ」論とよび，社会ネットワーク研究に衝撃をあたえた．この理由として，1）他のクリークを含めて，より広い情報へのアクセスをもつ，2）クリーク同士の利害の調整をおこなう可能性をもつ，等が考えられている．一方，バートは，紐帯の強弱そのものが重要なのではなく，クリークが互いに分裂して，情報に隙間ができている状態，すなわち「構造的隙間」が大事なのだと考えた．このような，社会ネットワーク理論からすると，関係人口，すなわち，まちづくりのキーパーソンは，まさしく，ブリッジ人であるといえる（Granovetter 1973; Burt 2000）．

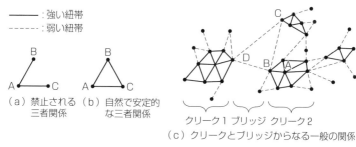

**図補 2-1　成功するのは弱い紐帯とネットワーク型ポジションのキーパーソン**

(出所) 小長谷ほか (2012).

関係人口のような仕掛け人の多くは，このようなブリッジの位置にある．

## 第2節　まちづくりのプロセス論──ソーシャルキャピタルの成長モデル

つぎに，成功するまちづくりのプロセス論の解釈への応用を紹介する．

ソーシャルキャピタルからみた組織論は主に2つの組織に分類される．

> 1）地元旧来型組織（ボンディング Bo 型）：既存の組織，町内会や商店会等
> 2）新たなクラブ・同好会型組織のネットワーク（ブリッジング Br 型）

まちづくりの成功例として，京都府向日市の「激辛商店街」のプロジェクトをとりあげる．同市の駅前では3つの大きな既存商店街があったが工場撤退で危機に直面した．そこで地域活性化のため，激辛メニューを追加するだけで参加できる「激辛商店街」を企画した．既存の商店街（Bo 型）内の合意形成では時間がかかるので，2009 年に希望者の任意団体（Br 型）の「激辛商店街」を「この指とまれ方式」で作った．参加店はネットワークで点在しているが逆に宝探しのようで楽しいという評判になり，集客は以前の約3割増しで大成功となり，既存商店街もプロジェクトを認め連携するようになった（田中 2010）．

ここで，新しいまちづくりのアイデアがあったとして，Bo 型の正規の組織決定をまつよりも，Bo の外側から別に新しく Br 型を立ち上げた方が早い場合が多いことは以下のように説明される．

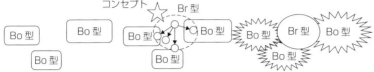

（1）Bo 型が存在　⟶　（2）まちづくり組織が，コンセ　⟶　（3）Br 型が確立，
　　　　　　　　　　　　　プト主導 Bo 型として成長　　　　　これにより既
　　　　　　　　　　　1）必ずしも Bo–Bo を結ぶ　　　　　存の Bo 型も
　　　　　　　　　　　　　ものでない　　　　　　　　　　　活性化
　　　　　　　　　　　2）新しいコンセプトにより，
　　　　　　　　　　　　　Bo–個人，個人間ネット
　　　　　　　　　　　　　ワークを構築 Bo 型が存在

**図補 2-2　成功する地元におけるソーシャルキャピタルのプロセスモデル**
（出所）小長谷ほか（2012）をもとに筆者作成.

（第 1 段階）まず，前段階として，地域には通常，既存の Bo（結束）型が，存在している．通常は，町内会・商店街など地縁組織である．

（第 2 段階）新たなまちづくり組織が，コンセプト主導型の Br（橋渡し）型として成長する．

（第 3 段階）Br（橋渡し）型が確立，これにより既存の Bo（結束）型も活性化する．

　キーパーソンを中心とし，地元旧来型組織（Bo 型）をまきこんだ新たなまちづくり組織のネットワーク（Br 型）が形成され，そのネットワークがより大きく強く深くなっていく．これにより既存の Bo（結束）型も活性化する．

**参考文献**

〈邦文献〉

小長谷一之・福山直寿・五嶋俊彦・本松豊太（2012）『地域活性化戦略』晃洋書房.

田中（北田）時江（2010）『「特色ある食」による飲食店街再生の試み──向日市・激辛商店街──」『21 世紀型まちづくり比較研究会活動報告書』（大阪市立大学）10.

〈欧文献〉

Burt, R. S.（2000）"The network structure of social capital," *Research in Organizational Bahavior*, 22.

Granovetter, M. S.（1973）"The Strength of Weak Tie," *American Journal of Sociology*, 78.

《編者紹介》

小長谷 一之（こながや かずゆき）[はじめに，序章，補章1，補章2]
　　元大阪市立大学大学院都市経営研究科長，元東京大学空間情報センター客員教授．京都大学理学部
　　卒業，東京大学大学院理学系研究科修士課程修了．1989年より大阪府立大学総合科学部助手・講師，
　　1996年より大阪市立大学経済研究所・同大学院経営学研究科助教授，2003年より同創造都市研究
　　科助教授，2005年より同教授，2018年より同都市経営研究科教授，2022年より2024年（3月）ま
　　で大阪公立大学大学院都市経営研究科教授．その他，大阪大学，神戸大学（経済学研究科）等で非
　　常勤講師や，日本観光研究学会常務理事・理事・関西支部長，経済産業省，国土交通省，大阪市，
　　大阪府等各種委員をつとめる．著書に『都市経済再生のまちづくり』（古今書院，2005年），『まちづ
　　くりと創造都市』（編著，晃洋書房，2008年），『まちづくりと創造都市2』（編著，晃洋書房，2009
　　年），『クリエイティブ都市経済論』（単訳，日本評論社，2010年），『地域活性化戦略』（共著，晃洋
　　書房，2012年），『経済効果入門』（編著，日本評論社，2012年），『都市構造と都市政策』（共著，古
　　今書院，2014年），『地域創造のための観光マネジメント講座』（共著，学芸出版社，2016年），『AI
　　と社会・経済・ビジネスのデザイン【増補版】』（編著，日本評論社，2022年），等がある．

前田 武彦（まえだ たけひこ）[第4章]
　　神戸国際大学経済学部教授．1989年大阪大学大学院人間科学研究科博士課程単位取得後，米国フィ
　　リップス大学日本校教員，県立高知女子大学保育短期大学部（現・高知県立大学社会福祉学部）講
　　師・助教授，神戸国際大学経済学部助教授をへて，2000年より現職．国立民族学博物館外来研究員
　　（1992～1993年），龍谷大学国際学部客員教授（2020～2023年），日本観光研究学会理事・常務理事
　　を計8年間つとめたほか，日本観光研究学会関西支部の幹事（2003年設立以来現在まで），NPO法
　　人観光力推進ネットワーク関西の監事（2004年設立以来現在まで）等をつとめる．著書・論文等に
　　『観光教育とは何か』（編著，アビッツ，2013年），「観光資源化する葬送儀礼」（近藤剛編『現代の死
　　と葬りを考える』ミネルヴァ書房、2014年），「癒しを求める旅の社会史」（『神戸国際大学紀要』105，
　　2023年）他多数．

## 《執筆者紹介》（執筆順）

### 松田 充史（まつだ みつふみ）［第1章］

大阪成蹊大学国際観光学部国際観光学科学科長・教授．大阪市立大学大学院創造都市研究科修了．日本観光研究学会関西支部副支部長，京都府観光連盟観光アドバイザーや MICE・地方観光人材育成プログラム実行委員会（関西学院大学専門職大学院），門真市教育委員会の委員等をつとめる．著書に『これからの観光を考える』（共著，晃洋出版，2017年），『旅館が温泉観光を活性化する』（大阪公立共同出版会，2018年），『ひろがる観光のフィールド』（共著，晃洋出版，2020年），等がある．

### 堀内 史朗（ほりうち しろう）［第2章］

阪南大学総合情報学部教授．京都大学大学院博士後期課程修了後，日本学術振興会特別研究員，山形大学准教授などを経て現職．日本観光研究学会関西支部幹事，堺市美原区政策会議座長，七里ガ浜商店会アドバイザー，株式会社 Frame and Surface 顧問等をつとめる．著書に『観光による課題解決』（晃洋書房，2020年），『モビリティ時代の暮らし』（晃洋書房，2024年），等がある．

### 石橋 仁美（いしばし ひとみ）［第3章］

大阪学院大学経営学部准教授．大阪市立大学大学院都市経営研究科博士課程前期修了．池の坊短期大学・関西国際大学講師，流通科学大学人間社会学部観光学科特別講師，流通科学大学特任教授を経て現職．日本観光研究学会関西支部幹事，日本観光ホスピタリティ教育学会会員，NPO法人観光力推進ネット関西理事，ブライダルコーディネート職種技能検定（厚生労働省・指定試験機関公益社団法人日本ブライダル文化振興協会）技能検定委員をつとめる．論文に「持続可能な地域再生のための住民のかかわり方についての一考察」（日本観光研究学会全国大会学術論文集，2020年），「コロナ禍のブライダル業界」（シニアマイスターネットワーク資料，2020年），「たつの市における龍野伝統的建造物群保存地区をいかしたまちづくり」（『21世紀型まちづくり研究20 次世代型都市・地域づくり方策』大阪市立大学大学院創造都市研究科・21世紀型まちづくり研究会，2021年），「地域活性化の一つのコンテンツとしてのブライダルの考察」（『流通科学大学論集』34（1），2021年），「歴史的建造物を活用したブライダルの新しい価値に関する一考察」（大阪市立大学大学院都市経営研究科，2022年），等がある．

### 西村 典芳（にしむら のりよし）［第5章］

流通科学大学人間社会学部長・教授．27歳のときに旅行会社の経営に従事．44歳の時に「森林セラピー」と出会い，早稲田大学人間科学部にて学ぶ．卒業と同時に大学教員になる．その後，日本大学大学院総合社会情報研究科修了，和歌山県立医科大学大学院医学研究科満期退学．日本観光経営学会会長，日本ウエルネスウォーキング協会会長，日本ウエルネス学会理事，日本観光研究学会関西支部幹事，一般社団法人 ONSEN ガストロノミーツーリズム推進機構理事，関西観光教育コンソーシアム理事，神戸医療産業都市推進機構ヘルスケアサービス開発支援有識者委員等を務める．著書に『ヘルスツーリズムによる地方創生』（カナリアコミュニケーションズ，2016年），『ウエルネスツーリズムによる地方創生』（カナリアコミュニケーションズ，2022年），『観光ビジネスの新展開』（共著，晃洋書房，2024年），等がある．

地域創造型観光

2024 年 7 月 10 日　初版第 1 刷発行　　＊定価はカバーに
　　　　　　　　　　　　　　　　　　　　表示してあります

編　者　　小長谷　一　之©
　　　　　前　田　武　彦

発行者　　萩　原　淳　平

印刷者　　田　中　雅　博

発行所　株式会社　晃　洋　書　房

〒615-0026　京都市右京区西院北矢掛町 7 番地
　　　　　　電話　　075(312)0788番代
　　　　　　振替口座　01040-6-32280

印刷・製本　創栄図書印刷㈱

ISBN978-4-7710-3854-7

小槻文洋・河村悟郎・身玉山宗三郎・尤驍・金世徳 著　　A 5 判 92 頁
観光を見る眼　第 3 号　　　　　　　　　　　　　　1,210 円（税込）

# 楽しむ力とツーリズム

谷口知司・早川 諒 著　　　　　　　　　　　　　A 5 判 154 頁
　　　　　　　　　　　　　　　　　　　　　　　　2,530 円（税込）

# 留学生のための観光学入門

李連澤・安本敦子・宋娜瑛 著　　　　　　　　　　A 5 判 140 頁
　　　　　　　　　　　　　　　　　　　　　　　　2,200 円（税込）

# 観　光　政　策　入　門

来村多加史 著　　　　　　　　　　　　　　　　　A 5 判 168 頁
　　　　　　　　　　　　　　　　　　　　　　　　3,080 円（税込）

# 観　光　ガ　イ　ド　論

小林裕和 著　　　　　　　　　　　　　　　　　　A 5 判 182 頁
　　　　　　　　　　　　　　　　　　　　　　　　3,630 円（税込）

# 地域旅行ビジネス論

村上喜郁 編著　　　　　　　　　　　　　　　　　A 5 判 190 頁
　　　　　　　　　　　　　　　　　　　　　　　　3,080 円（税込）

# 大阪・北摂のガストロノミー
──地域振興のための食資源──

鍋倉咲希 著　　　　　　　　　　　　　　　　　　A 5 判 266 頁
　　　　　　　　　　　　　　　　　　　　　　　　5,060 円（税込）

# 止まり木としてのゲストハウス
──モビリティと時限的つながりの社会学──

福本賢太・田中祥司 編著　　　　　　　　　　　　A 5 判 208 頁
　　　　　　　　　　　　　　　　　　　　　　　　2,970 円（税込）

# 観光ビジネスの新展開
──未来を切り拓く旅行会社──

森下俊一郎 著　　　　　　　　　　　　　　　　　四六判 154 頁
　　　　　　　　　　　　　　　　　　　　　　　　1,760 円（税込）

# おもてなしの理念、知識、異文化のマネジメント

谷釜尋徳 著　　　　　　　　　　　　　　　　　　四六判 196 頁
　　　　　　　　　　　　　　　　　　　　　　　　1,980 円（税込）

# 江　戸　の　女　子　旅
──旅はみじかし歩けよ乙女──

晃 洋 書 房